KB145771

세종과 재상

그들의
리더십

세종과 재상 그들의 리더십

초판 1쇄 인쇄 2010년 6월 15일
초판 1쇄 발행 2010년 6월 20일

한국학중앙연구원 세종국가경영연구소 편
정윤재 외 지음

펴낸이 이영선
펴낸곳 서해문집
이 사 강영선
주 간 김선정
편집장 김문정
편 집 김계옥 임경훈 김종훈 성연이
디자인 오성희 당승근 김아영
마케팅 김일신 이호석 이주리
관 리 박정래 손미경

출판등록 1989년 3월 16일 (제406-2005-000047호)
주 소 경기도 파주시 교하읍 문발리 파주출판도시 498-7
전 화 (031)955-7470 | **팩 스** (031)955-7469
홈페이지 www.booksea.co.kr | **이메일** shmj21@hanmail.net

ISBN 978-89-7483-435-7 03900

이 도서의 국립중앙도서관 출판시도서목록(CIP)은 e-CIP 홈페이지(http://www.nl.go.kr/ecip)에서
이용하실 수 있습니다.(CIP제어번호: CIP2010002012)

세종과 재상
그들의
리더십

한국학중앙연구원 세종국가경영연구소 편
정윤재 외 지음

서해문집

왕과 재상의 리더십 연구는 이제 시작이다

정치를 리더십으로 바라볼 때, 그것은 지도자와 주변 엘리트를 포함한 국민들 사이의 지속적인 상호작용 과정이라 할 수 있다. 미국 정치학자 로버트 엘지Robert Elgie 1995는 자유민주주주의 정치가 정치지도자의 개인적 요소들과 환경적 요소들에 대한 "상호작용 접근"을 통해 보다 역동적으로 연구될 수 있다고 말한 적이 있다. 율곡 이이 역시 17세기에 《동호문답》을 쓰면서 좋은 군주와 좋은 재상들과의 만남에 대해 길게 논의한 바 있다. 이것은 정치에 있어서 그 체제가 무엇이든 최고지도자와 집단구성원들 사이의 긴밀한 상호작용이 핵심임을 잘 말해주는 사례들이다.

그런데 일찍이 율곡은 "우리나라 만년의 복조福祚가 세종 때부터 비로소 기틀을 잡았다"고 평가했으면서도, 그것을 요순堯舜 시대와 같은 최고의 태평세대라 평하지는 않았다. 또 그는 세종이 업적을 많이 낸 훌륭한 군주였지만 황희나 허조를 포함하여 그를 보좌하던 당시의 재상들은 최상급의 "대신大臣"은 못되었다고 보았다. 이는 비록 왕조시대라 할지라도 군주 개인이 아무리 훌륭해도 그를 보좌하는 재상들이 함께 훌륭하지 못하면 치세를 담보하지 못한다는 것이다. 그가 "정치가 잘되고 못됨은 사람에게 달려 있다[治亂在人]"고 생각했지만, 이때의 "사람"은 군주 한 사람만을 지칭하지 않았다. 율곡의 이러한 견해는 최고지도자와 주변 엘리트와 국민들이 서로 원활히 상호작용하지 못한다면 온전한 치세治世가 어렵다는 것을 강력하게 시사한다. 물론 세종시대 재상들에 대한 율곡의 이같은 평가가 과연 수긍할 만한 것인지, 진지하게 따져볼 필요도 있을 것 같다.

이 책은 한국학중앙연구원 세종국가경영연구소의 2007년 연구과제의 결과물이다. 우리 연구팀은 세종 개인 리더십의 배경과 실제를 재조명함과 동시에 그를 보좌했던 재상들의 정치리더십도 함께 살피기로 했다. 먼저 박현모 선생님은 "태종의 '세종을 만든' 리더십"에서 세종의 수성 치세를 가능케 했던 부왕 태종의 정치리더십을 새롭게 조명하였고, 필자는 "세종의 '보살핌' 리더십"이라는 주제로 훈민정음 창제와 보급과정에서 발휘된 세종의 정치리더십 행동상의 특징들을 규명하였다. 그리고 김종명 선생님은 "독실한 불교신자"였던 세종의 정치리더십이 유교적 정치상황에서 어떻게 발휘되었는지를 "세종의 '강한 군주' 리더십"이라는 측면에서 고찰하였다. 또 배병삼 선생님은 "변계량의 '일의 정치' 리더십"에서 변계량의 경우를 들어, 인술仁術, 정치적 지식, 그리고 부지런함을 정치리더십의 핵심 덕목으로 추려냈다. 이한수 선생님은 "황희의 '반대론' 리더십"에서 세종의 주요한 정책들에 대해 반대와 비판을 서슴지 않았던 황희의 리더십 행동을 면밀하게 살폈다. 마지막으로 윤대식 선생님은 "이천의 '문무겸전' 리더십"에서 세종의 중요한 정치적 자산이던 이천이 다방면의 국가경영 과정에서 활약한 면모를 분석했다.

이렇게 각 연구자들은 군주와 재상들이 소임을 담당하고 성취하는 과정에서 서로 어떠한 관계를 유지했고, 또 어떻게 소통하며 일했는지를 몇 차례의 연구모임과 학술발표회를 통해 발표했다. 2007년 11월의 학술발표회에서 날카로운 지적과 조언으로 연구결과를 보완하는 데 크게 도움을 준 한국교원대의 김주성 선생님 등 여러 토론자분들께 이 기회를 빌어 감사드린다.

전통시대 왕과 재상의 리더십에 대한 연구는 그야말로 이제 시작단계다. 그동안 많이 진행되어온 선비에 대한 연구 못지않게 국가의 일을 맡은 왕과 재상의 국가경영 과정에 대한 연구는 리더십 측면에서 볼 때 매우 중요하다. 아무쪼록 이 책이 '한국형 리더십'

연구를 활성화하는 데 도움이 되기를 기대해본다. 끝으로 세종시대 연구의 귀중함을 이해하고 선뜻 출판을 허락해주신 서해문집과 어려운 편집과정을 꼼꼼하게 챙긴 강영선 이사에게 감사드린다.

2010년 5월
연구책임자 정윤재

왕을 만든, 왕이 만든 리더십

이 글은 태종 이방원李芳遠 1367~1422의 여러 조치 중에서 "그의 일생 최대의 업적"으로 평가받는 최승희2002, 136 성공적인 왕위승계 과정을 리더십의 측면에서 살펴보는 데 목적이 있다. 태종은 사병 혁파, 관제 개편, 불교재산 정리, 신문고 설치, 호패법 실시 등의 업적을 남겨 "초창 이씨조선의 국가기반을 확고히 한 임금"김성준 1962, 571으로 평가받고 있다. 그런데 종래 연구자들은 대부분 태종의 이러한 노력들이 "왕권 강화"한영우 1997, 225 차원에서 이루어진 것으로만 간주하고 있다. 심지어 태종이 충녕대군을 세자로 책봉한 것까지도 "명분과 정통이 결여된 그의 왕위에 일정한 정당성을 부여"하기 위해서라고 보기도 한다최승희 2002, 133.

태종의 '세종을 만든' 리더십

세자 교체에서 전위까지

물론 태종이 취약한 왕권을 보완하고 "왕위 정당성을 유지하기 위해 세자 제禔의 실행을 들
춰내는 일까지 서슴지 않았"고최승희 2002, 71, 그를 왕위에 오르게끔 도와준 처가식구들을
죽이고 부인 민씨를 냉대했으며, 세종의 처가 심씨들을 멸문시키다시피 하는 "악역을 담당
한 것"이성무 1998, 169으로 볼 수도 있다. 하지만 태종은 과연 무엇을 위해 그렇게 왕권을 강
화했으며, 악역을 담당했는지 질문을 던져 보지 않을 수 없다. 그가 권력에만 집착하는 정신
병자가 아니고, 세종으로 하여금 "권력의 영역에서 벗어나도록 온갖 노력을 다함과 동시에
세종을 보호했던"조남욱 1997, 22 군주였다면 그가 한 행위의 결정요인으로서 정치관 내지 정
치사상을 진지하게 고찰할 필요가 있기 때문이다.[1]

"백성[小民]을 부리는 책임은 내 자신에게 당하게 하고, 세자가 즉위한 뒤에는 비록 한 줌의 흙이나 한 조각 나무의 역사役事라도 백성에게 더하지 못하게 하여 깊이 민심을 얻게 하려고 한다." _태종(1418)

"왕위를 헌신짝 버리듯이 버리고"

태종은 부왕인 이성계를 도와 건국한 조선왕조를 반석 위에 올려놓기 위해서는 어떤 굴욕과 비난도 감수하겠다는 자세로 국정에 임했던 정치가였다. 명나라 황제의 과도한 요구와 사신들의 행패—소 1만 마리 매매 요구, 처녀 공납—를 묵묵히 수용하는 태도며, 일련의 내외척 제거 과정에서 보이는 냉정한 그의 언행이 그것이다. 그는 재위10년을 전후하여 정치에 염증을 보이며 왕위를 넘겨주려 했다. 물론 전위의사 표명 중 일부는 신하들의 반응을 떠보고 전위를 바라는 반왕적 세력을 색출하려는 태종의 의도최승희 2002, 107도 없지 않았다. 하지만 "왕위를 헌신짝 버리듯이 버리고"태종실록 18/8/8 2)

싶다는 그의 말에는 상당한 진정성이 담겨 있었던 것으로 판단된다. 특히 그가 "통곡하고 목이 메는 고통"을 감내하면서 감행한 세자 교체 이후태종실록 18/6/3 임오 진행된 일련의 왕위승계 과정을 보면 정치의 세계를 떠나려는 욕구가 지속되어 왔음을 알 수 있다.

1418년(태종18) 6월 3일 충녕대군으로 세자를 교체한 이후 8월 8일 왕위를 넘겨주기까지 약 60여 일간 태종은 양녕대군을 경기도 광주에 내보내고 안심시키는가 하면"너를 대접하는 충녕의 생각이 두터울 것이다." 6월 5일, 세자교육을 위한 서연관을 구성했다6월 3일. 이어서 그는 세자로 하여금 새로 설치한 의용위의 군사를 지휘하는 일을 돕도록 하고 익위사를 더 배치해 세자에 대한 경호를 강화했다6월 7일. 병권이 왕위의 토대가 됨을 보여준 것이다. 이어서 서연을 열어 사서四書를 진강進講왕 앞에서 학문을 강의함하게 하여 "좌우를 모두 탄복"시켰다. 세자의 학문적 능력을 과시함으로써 유교 지식인들의 지지를 이끌어 내려는 의도였다6월 10일. 이렇게 보름 정도 테스트를 해본 태종은 드디어 6월 17일에 세자와 세자빈에게 책문을 내리고 사면을 베풀고, 문무백관들의 하례를 받게 했다. 이렇게 해서 정식으로 세자가 된 충녕은 그로부터 나흘 후부터 조계朝啓중신과 시종신이 편전에서 벼슬아치의 죄를 논하고 단죄하기를 임금에게 아뢰던 일에 참여하여 본격적인 정치수업을 받았다6월 21일.

흥미로운 것은 인심이 세자에게 쏠리도록 하는 태종의 배려다. 태종은 세자전에 왕명 없이 출입한 사복 소윤 권이를 처벌해야 한다는 주장에 대해서 옛날 양녕과 달리 "지금 세자는 효우孝友하고 온공溫恭하며 학문을 좋아하기" 때문에 그렇게 단속할 필요가 없다고 반응했다. 나아가 태종은 "이제부터는 세자를 만나보고자 하는 자가 있거든 비록 초야의 미천한 사람이라도 또한 금지하여 물리치지 말고 들어가 만날 수 있게 하라. 모름지기 세자로 하여금 깊이 인심人心을 얻게 하는 것이 나의 뜻이다"라고 말했다. "나는 세자를 보호하기를 제儞양녕와 같이 행하지는 않을 것이다"라고 말하기도 했다태종실록 18/6/21. 한마디로 세자를 믿고 있으며, 따라서 그가 여러 사람을 만나 인심을 얻도록 하겠다는 것이었다.

그로부터 6일 후부터는 의정부 등에 하명하여 세자가 정사를 국왕 대신 듣게 하는 예를 고전에서 찾게 해 세자로 하여금 동쪽에 앉아 정사를 듣게 했다6월 27일. 그리고 가뭄이 계속되자 의정부와 육조 등 조정의 모든 신료들에게 잘못된 정부정책을 모조리 말하게 하는 구언求言의 지시를 내렸고, 들어온 진언을 육조에 내려 의논해 선택하도록 했다7월 1일, 2일. 이러한 태종의 정치교육은 사실상 세종에게 그대로 전수되었고 세종은 부왕에게 배운 대로 재위기간 내내 어려움에 처하면 구언교지를 배운 대로 내리곤 했다.

가장 인상적인 것은 태종이 병조판서 박신을 불러서 창덕궁의 인정전을 고쳐짓도록 지시하면서 한 말이다. 즉 그는 "인정전은 협착狹窄하므로 마땅히 새로 지어야 할 것이다. 토목의 역사는 백성을 괴롭히는 중사重事이기 때문에 백성들이 심히 괴롭게 여긴다. 그런데도 속히 공사를 추진하려는 까닭은 다름이 아니다. 그것은 요컨대 소민小民을 부리는 책임은 내 자신에게 당하게 하고, 세자가 즉위한 뒤에는 비록 한 줌의 흙이나 한 조각 나무의 역사役事라도 백성에게 더하지 못하게 하여 깊이 민심을 얻게 하려는 것이다."태종실록 18/7/5라고 말했다. 백성들이 괴로워하고 원망하는 모든 일들은 자신이 다 해놓음으로써 새로 즉위한 임금으로 하여금 민심을 얻도록 하겠다는 말이다. 나는 이 말이야말로 태종이 취했던 일련의 조치들―내외적 제거, 중국에 대한 지성사대―을 이해하는 요체라고 생각한다.

이런 관점에서 태종의 왕위승계 과정을 고찰하되, 특히 세 차례에 걸친 전위 선언을 전후한 시기를 집중적으로 살펴보려고 한다. 태종의 재위기간부터 세종 즉위 후 상왕 통치기까지 약 22년간을 연구대상 기간으로 하되, 세자 교체를 기점으로 전후기로 나누었다.

수성의 시대를 열기 위한 태종의 진단

태종이 즉위한 직후 조선왕조는 아직 창업기의 불안정함을 극복하지 못한 상태였다. 태종이 정종의 왕위를 넘겨받았다는 말을 들은 태조의 첫 반응은 "강명한 임금이니 권세가 반드시 아래로 옮기지 않을 것"《태종실록》 총서이었다. "권신權臣들 가운데 집안끼리 무리를 짓고 붕당을 모아서 어린아이를 끼고 정권을 마음대로"《태종실록》부록 변계량의 〈신도비문〉하는 건국 초창기의 문제점을 극복할 수 있을 거라는 기대가 들어 있는 말이었다.

다른 한편 태종의 즉위를 반대하는 세력들의 말 속에서도 그 시대의 불안함을 엿볼 수 있다. 즉위한 지 한 달 만에 변남룡 부자는 "천변天變이 여러 번 나타나는 것은 무슨 까닭인가. 사직의 역년歷年한 왕조가 왕업을 누린 햇수이 오래 갈 수 있겠는가"라고 말하는가 하면, "불측한 변이 있을까 두렵다. 그러나 우리들이 태상왕이성계을 끼고 나오면 누가 감히 당하겠는가"라는 유언비어를 퍼뜨려 처형되었다 태종실록 01/02/09 3). '조선왕조가 오래가지 못할 것'이라는 이 말은 태종과 주요 신료들로 하여금 빨리 수성기로 전환해야 한다는 필요성을 절감하게 했다. 즉위하자마자 권근이 글을 올려 "대업이 이미 정해져서 수성守成할 때"가 되었다면서 태조에 대한 효도와 청정聽政 정사에 관하여 신하가 아뢰는 말을 임금이 듣고 처리함과 경연과 절의의 포창褒彰 등을 부지런히 해야 한다고 권고한 것은태종실록 01/01/14 이런 맥락에서 나온 것이다.

그러면 태종 자신은 이 시기를 어떻게 인식하고 있었으며 수성의 시대로 전환하기 위해 무엇을 하려 했는가.

첫째, 부적합하고 불안정한 왕위계승의 문제점이다. 부왕 태조와 몇몇 공신들에 의해 신덕왕후 강씨의 자식에게 왕위가 넘어가는 것을 목도했고, 또 이것을 저지하기 위해 '왕자의 난'까지 감행한 이방원은 적어도 부적격자에게 왕위가 승계되는 것을 막고자 했다. 그가 생각하는 적격자는 적장자이거나 신민들의 추대를 받을 만큼의 '능력'을 갖춘 왕자였다. "나이로 보면[以年] 진안군이요, 공로로 보면[以功] 정안군이 우선"인데, 술을 너무 좋아해 늘 소주 속에 묻혀 지낸 진안군 방우는 왕위계승자로서 부적합하고 정안군 자신이 왕위를 물려받아야 마땅하다는 게 이방원의 생각이었다—실제로 그는 막내 방석이 세자로 책봉된 지 1년 만에 술병으로 죽었다. — 그런데도 이방원이 1차 왕자의 난 직후 세자의 자리를 사양한 것은 집권하기 위해 정변을 일으켰다는 혐의를 피하기 위해서였다_{최승희 2002, 63}. 실질적인 장남인 방과에게 왕위를 계승케 한 다음, 다시 자신이 세자로4) 책봉되는 절차를 거쳐 왕위에 오른 것이다.

나중에 태종이 장자인 양녕이 실망스런 모습을 여러 번 보였는데도 마지막까지 그를 보호한 것이나, "부득이하게" 여러 신하들에 의해 "어진 사람"으로 추앙받는 충녕대군을 공론에 따라 세자로 교체한 것은 적격자_{적장자 내지 능력자}에게 왕위를 계승시키려는 그의 신념을 보여준다.

둘째, 국왕 재량권의 확보다. 고려 말 대내외적으로 매우 혼란스런 무질서를 겪은 태종은 '권세가 아래로 옮겨가는 것'을 중요한 정치적 위기로 보았다. 그는 종종 자신과 부왕 이성계가 "집안을 일으켜 국가를 세웠다[化家爲國]"_{태조실록 09/04/13}라고 말하곤 했는데, 이 말 속에는 새로운 이씨 왕조가 개창되었다는 의미와 함께 '국가의 차별성'의 강조가 들어 있다. 국가는 여러 가문들 중의 하나거나 단순히 나라의 으뜸 가문[宗室]의 차원에 머무는 것이 아니라, 몇몇 가문을 희생해서라도 지킬 가치가 있고, 때론 왕 자신보다도 상위에 있는 존재라는 인식이 그것이다.[5] 태종이 의정부서사제에서 육조직계제로 바꾼 것이나, 사관에게 정전正殿이 아닌 편전便殿에서 나누는 대화나 회의에 참석하지 못하도록 한 것태종실록 01/03/18 그리고 대간과 사관을 강무講武 임금이 신하와 백성들과 함께 사냥하며 무예를 닦던 행사에 따라오지 못하게 제한하는 조치 등은 이런 맥락에서 볼 수 있다.

특기할 만한 것은 역사기록에 대한 태종의 인식이다. 그는 개경의 편전인 보평전에서 정사를 볼 때 사관이 들어오자 환관을 시켜 내보내면서 "무일전正殿 같은 곳은 사관이 마땅히 좌우에 들어와야 하지만 이곳은 내가 편안히 쉬는 곳"이니 들어올 필요가 없다고 말했다태종실록 01/04/24. 국왕의 모든 말과 행동이—쉴 때는 물론이고 잠 잘 때와 죽은 다음까지도—공적인 것으로 기록되고 평가되며, 따라서 "인군은 오직 황천과 사필史筆을 두려워한다"태종실록 01/03/23는 의식을 가지고 있지 않았던 것이다. 그는 또한 경연의 정치적 의미를 정확히 인식하지 못하고 있었다. "내가 비록 날마다 경연에 나아가서 여러 대신들과 강론하지 않는다 하더라도 항상 그대와 더불어 글을 읽으니 배우기를 좋아하는 것은 마찬가지다"라는 말이 그것이다. 이에 대해 경연관 김과는 "여러 신하들과 더불어 강론하지 않고 오직 소신과 더불어 읽으면 경연의 법은 장차 폐지될 것"이라고 대답하고 있다 태종실록 01/03/23. 국왕 개인의 독서는 "호학한다"는 이름을 얻을지 모르나 아첨하고 간사한 신하들을 멀리하고 토론과정에서 신하들의 지혜를 발견하려는 경연의 취지가 흐려질 수 있다는 말이다. 이는 경연에서 더불어 의논하고 모든 것을 기록하게 하여 "후세 사람들"이 참작하고 평가할 수 있도록 한 세종의 태도와 비교된다. 한마디로 태종은 정치를 기능적인 차원에서만 이해했던 듯하다.

셋째, 대외적 불안정 요소를 최소화하고 정치적 정당성을 높이기 위해 행한 명나라에 대한 지성사대至誠事大다. 태종은 즉위 초부터 계속되는 크고 작은 왜구의 침입과 여진족의 침략을 막기 위해 명나라와의 '강대국 동맹노선'을 택했다. 그 자신이 이미 두 차례나 중원대륙을 다녀온 경험에 비추어 볼 때 아직 북방의 사정은 몽골족의 잔여세력 때문에 다소 혼란스럽기는 하지만, 명나라가 조만간 패권을 잡을 것이라고 판단했다. 특히 두 차례 왕자의 난을 거치면서 왕위에 오른 태종으로서는 명나라의 적극적 지원이 정당성을 획득하는 데 중요했다. 이 때문에 그는 세자 양녕에게 명나라를 방문하게 했으며, 비록 실현되지 못했지만 세자 교체 후에는 세자 충녕의 황제 알현을 추진하기도 했다. 영락제의 즉위를 적극적으로 지원하는 한편 자진해서 말 1만 마리를 무역하기도 하고, 수차례에 걸쳐 조선 처녀를 공헌하는가 하면, 명 사신들이 온갖 행패를 부려도 인내심을 가지고 대한 것도 이런 맥락에서 이해할 수 있다.

요약하건대 태종은 이러한 대내외적 도전과 위기를 넘어서 수성기로의 안정적 진입을 추구했고, 충녕대군을 비롯한 여러 왕자들, 즉 이른바 "종지宗支를 전멸剪滅"하려는태종실록 08/10/01 민씨 형제들을 공세적으로 제거한 것은 그 첫 작업이었다.

전위 선언과 외척 제거

태종이 안정적인 왕위계승을 위해 취해야 했던 첫째 고비는 왕의 처남인 민무구 형제들의 도전을 막아내는 일이었다. 태종의 즉위과정에 중요한 공로를 세웠던 민무구 민무질 형제는 군권[軍務]을 왕에게 빼앗길 위기에 처하자 휘하 장졸들을 동원해 반대 여론을 조성했다. 이에 태종은 "장수도 모두 공가公家의 장수요, 사병도 모두 공가의 사병인데, 너희들은 이미 궁궐 호위병[禁兵]이 되어가지고 여성군민무질이 있음은 알고, 유독 내가 있음을 알지 못하느냐"면서 태종실록 06/08/16, 민무질로부터 군지휘권[軍柄]을 박탈했다태종실록 06/08/19.

그에 앞서 태종은 "재이災異가 자주 나타난다"면서 갑자기 왕위를 세자에게 전위하겠다고 선언했는데06/08/18 갑진, 조정의 공신과 의정부와 육조 그리고 언관들이 모두 반대하고 나섰다. 왕이 이제 40세 장년이었고, 태상왕태조과 상왕정종이 모두 살아 있을 뿐만 아니라, 세자는 나이 13세로서 왕위를 물려받을 만한 조건이 되지 않은 상태였다. 불과 하루 만에 '전위 철회'를 말하다가 다시 전위 의사를 표명하는 등 왕의 진정성이 의심되었고 오히려 선위를 바라는 반왕 세력을 노출시키려는 의도가 담겨 있는 것 아닌가 의심해 볼 수 있는 상황이었다.

그런데 이 '함정'에 걸려든 사람은 바로 민무구 형제였다. 1년 후 공신들의 상소를 통해 드러난 '민씨 형제의 죄'는 한마디로 "어린 아이세자를 끼고 위복威福을 마음대로 하고자 한 것"이었다. 영의정부사 이화 등이 올린 상소에 따르면, 민무구 등은 "지난해에 전하께서 장차 왕위를 물려주려[內禪] 할 때, 온 나라 신민이 마음 아프게 생각하지 않는 이가 없었는데" 오히려 기뻐하는 빛을 얼굴에 나타냈으며, 다시 왕이 여망을 좇아 복위를 하자 도리어 슬퍼했다고 한다.

특히 태종이 왕실의 자손들을 영구히 보전토록 할 계책을 묻자 민무구는 "옆에서 끼고 부추기는 사람이 없다면 아직 그렇게 하시는 것도 가합니다"라고 말했다. 이 말을 들은 태종이 "예부터 제왕은 적장자 이외에 다시 다른 아들이 없는 것이 좋다는 말이냐" "인군이 반드시 아들 하나만 있어야 좋겠느냐"고 되묻자 민무구는 "신의 뜻이 그렇습니다"라고 대답하여 태종을 놀라게[竦然] 만들었다. 이러한 민무구의 생각은 거의 확신에 가까웠던 듯, 그는 다른 기회에 "세자 이외에는 왕자 가운데 영기英氣 뛰어난 기상과 재기가 있는 자는⁶⁾

없어도 좋습니다"라고 말하거나 "제왕의 아들이 영기 있는 자가 많으면 난을 일으킨다"라고 말하기도 했다^{태종실록 07/07/10}.

그럴 뿐 아니라 태종은 지난번 군권 박탈과정에서 불경함을 지적했다. 즉 태종이 민무구에게 "네가 지난번에 군권을 사임하고자 하였는데, 지금 사임할테냐?"라고 말했더니, 민무구가 매우 성을 내어 좋지 않은 기색으로 "만일 신을 해임하시려면 전하의 사위^{조대림}도 해임하셔야 할 겁니다"라고 대답했다는 것이다. 한마디로 "세자에 대해서는 충성을 다하는 것 같으나 나에 대해서는 불충한" 그들을 방치할 수 없다는 말이었다^{태종실록 07/09/18}.

결국 태종은 "대역지심大逆之心"을 품은 민무구 형제를 법대로 처단하라는 여론에 밀려 유배를 보냈다가 자진自盡케 하는 방식으로 제거했다^{태종실록 10/03/17}. 전위라는 덫을 이용해 반왕세력을 제거하는 방식으로, 자칫 "삭제削除"될 뻔했던 충녕대군 등을 구해냈다는 점에서 성공적인 권도權道의 발휘라고 볼 수 있겠다.[7] 그런데 이 과정에서 주목되는 것은 민무구 형제의 동생들^{무휼·무회}을 불러 놓고 한 태종의 말이다. 그는 민무휼·무회 형제들을 돌아보면서 "대저 불충이라는 것은 한 가지만이 아니다. 예전 사람들이 말하기를 '임금의 지친至親에게는 장차[將]가 없다'고 했는데" "내가 만일 정안군으로 있을 때 너희 형들이 나에게 쌀쌀하고 야박하게 굴었다면 그것은 불목不睦이지 불충不忠이 되는 것은 아니다. 하지만 지금 내가 일국의 임금이 되었는데 저희가 쌀쌀하고 야박한 감정을 품는다면 이것은 참으로 불충인 것"태종실록 07/09/18이라고 말했다. 똑같은 행동이라도 일가 차원에서는 용서할 수 있지만 국가 차원에서는 용납될 수 없는 죄가 된다는 지적이다.

제1차 전위소동이 있은 지 3년여 만에 태종은 2차 전위선언을 했다태종실록 09/08/10. 1차 때와 달리 신하들은 훨씬 차분하게 대응했다. "중국의 눈과 귀를 놀라게 할 것"이라 하여 외교적인 문제점을 지적하는가 하면태종실록 09/08/10, 고려시대의 충렬·충선·충숙왕이 모두 선위를 해서 생긴 폐단을 들고, "요가 순에게 줄 때 요의 나이가 90세였고, 순의 나이 또한 60세"였다는 등 역사적 사례를 들어 반대했다태종실록 09/08/11. 태종 역시 "군려軍旅의 중대한 일은 내가 전부 맡겠고 사람 쓰는 일도 친히 하겠다"태종실록 09/08/10라고 하는 등 보다 구체적인 선위 계획을 발표했다. 그런데 여기서 인상적인 것은 태종과 이숙번의 대화다. 이숙번이 면대해서 날마다 조회와 정사 보기를 청하자 태종은 "어느 때나 이 무거운 짐을 벗을 수 있겠는가"라고 대답했다. 권좌를 잡은 지 10여 년이 지나자 왕위 자체가 무거운 짐으로 느껴지고 일종의 '고급 노예'와 같은 국왕이라는 자리를 벗어던지고 싶은 생각이 들었던 것이다. 실제로 자유롭게 살았던 이방원으로서는 모든 언행이 기록되고, 사냥을 떠나거나 사람을 만나는 일마다 제어 받는 생활이 고역으로 느끼는 경우가 있었다.8) 이 자리에서 이숙번은 "사람의 나이 오십이 되어야 혈기가 비로소 쇠퇴한다"면서 그때까지 기다려달라고 말했다태종실록 09/08/13.

―결국 이숙번의 '50세 전위론'은 태종의 전위 시기를 못 박는 셈이 되었다―

　이후 태종은 민씨 형제들과 가까운 사람들의 비밀을 계속 누설하면서 탄핵 정국을 이끌어 갔다. 민무질과 이무의 대화 내용을 공개한 것이 그 한 사례다태종실록 09/10/01. 이러한 '공안정국'이 지속되자 결국 왕 자신도 통제할 수 없을 정도까지 치달았는데, 재위10년에 사간원이 이저를 탄핵한 것이 그것이다. 당시 사간원은 공안정국을 끝내는 차원에서 이저를 석방하려던 태종의 의도에 반해 "이저가 들어온 이후 음울한 기운[陰沴]이 대단히 심하다"면서 그를 내쫓아서 "신민의 분노를 삭이라"고 요청했다. 그러자 태종은 "이저 이외에는 온 나라 사람이 모두 성현聖賢이냐?"면서 "지금 수재水災·한재旱災가 너무 심한 데 간하는 신하[諫臣]가 좋은 계책을 말하지 않고, 사람을 해치는 것만 급히 서두른다"면서 탄핵을 중지하라고 말했다. 그러자 대사헌 황희는 "이저가 서울에 들어온 이래로 수재가 너무 심하니 하늘이 감응한 것 같다"면서 그를 내칠 것을 다시 요청했다. 그러자 태종은 "너희가 하는 것을 보니 반드시 사필史筆에 빛을 내고자 하는 것"이라면서 죄 있는 사람들의 녹권을 모두 불태워 버리라고 지시했다. 그런데도 언관의 탄핵이 계속되자 태종은 "그러면 이저를 죽여야 하는가? 수재가 과연 이저 때문인가"라고 개탄했다. 끝없이 희생양을 요구하는 정치세계의 어두운 그림자에 대한 태종의 회한에도 불구하고 신료들은 계속 이저 처단을 요구했다. 그러자 태종은 다시 "내가 생각건대 진안·익안은 이미 다 죽었고, 상왕은 형제로 따질 수가 없다. 회안은 나 때문에 외방에 나가 있고, 또 무인년의 변을 만나 여러 아우가 모두 죽고 오직 이저만 남아 있다. 그런데 아직도 세상에 용납되지 않는단 말인가"라고 말하고 있다.

이런 분위기 속에서 태종은 차츰 정치세계로부터 도피하려고 했다. 신하들이 상소를 올리면 "반드시 이저의 일 때문일 것이다"라면서 아예 뜯어보지도 않는가 하면, 의정부 대신들이 찾아가면 "공신과 의정부에서 과인을 강압하려는" 것으로 보고, 문을 걸어 잠그기도 했다^{태종실록 10/08/07}. 이런 상황에서 엉뚱한 실수를 저지르기도 했다. 재위10년 8월 태종이 광주목사에게 익지도 않은 벼를 서둘러 베게 한 것은, 거기서 사냥을 하기 위해서였다^{태종실록10/08/29}. 그리고 며칠 후에는 "광주廣州에 새와 짐승이 번식한다"는 어떤 환관의 말을 듣고 사냥을 나왔다가 그렇지 않은 것을 보고는 "다시는 광주에서 사냥하지 않겠다"고 후회하기도 했다^{태종실록 10/09/01}. 점차 정치의 세계에서 벗어나 사냥 등에 빠져드는 모습을 볼 수 있다.[9]

결국 이런 상황에서 태종이 취할 수 있는 대안은 후계자에게 왕위를 물려주는 것이었다. 하지만 제자 제가 실망스런 모습을 보여 그의 대안이 미루어졌고, 급기야 충녕대군으로 세자를 교체하게 되었다.

세자 교체와 전위까지 60일간의 기록

재위18년의 《태종실록》은 온통 세자 제에 대한 군신의 실망과 충녕대군에 대한 감탄으로 가득 차 있다. 공부하기 싫다고 꾀병 부리는 세자와 《주역》까지 통달한 충녕대군의 실력^{태종실록 18/01/26}, 막냇동생 성녕이 사경을 헤맬 때 활쏘기 놀이를 하는 세자^{태종실록 18/05/10}와 친히 의서를 연구하면서 직접 약을 달여 먹이는 충녕^{태종실록 18/02/04}, 그리고 초궁장 · 어리 등 기생에 빠져 부왕에게 분노의 글을 써 보내는 세자와 그를 만류하는 충녕^{태종실록 18/05/10} 등이 그것이다. 한마디로 이 시기가 되면 충녕대군은 그 "덕망이 날로 높아지니 중외에서 마음이 쏠리고, 임금과 왕비의 총애가 더욱 성盛하게" 되었음을 ^{태종실록 18/06/03} 느낄 수 있다.

다른 한편 이 시기는 태종이 성녕의 죽음으로 정치에 대한 의욕을 완전히 상실한 때이기도 하다. 성녕대군의 〈졸기〉^{태종실록 18/02/04}를 보면 성녕은 "총명하고 지혜로웠고 용모가 단정하고 깨끗하였으며 행동거지가 공순하여 임금과 왕비가 끔찍이 사랑하여 항상 궁중에 두고 옆에서 떠나지 못하게 했다"고 되어 있다. 그런 그가 갑작스럽게 홍역[瘡疹]으로 사망하자 태종은 모든 음식을 거절하고 옷도 갈아입지 않았다. 그럴 뿐 아니라 서울에 있으면 성녕의 얼굴이 눈앞에 선하고 살아 있을 때의 목소리가 생생하다 하여 개경으로 이어移御까지 하였다. 그 뒤로 그는 거의 "정신이 없어져서"^{태종실}

록 18/04/13 군지휘관 임명 사실을 잊어버리는가 하면태종실록 18/04/01, 인명은 하늘에 달렸다면서 관대한 처분을 한 의사들에게 "원수를 갚아야" 한다고 말하기도 했다태종실록 18/04/04.

이런 가운데 서울에 남아 있던 세자의 방탕한 생활은 계속되었다. 태종의 엄한 질책과 스승들의 비판은 계속되었고, 세자는 재위 18년 5월 말이 되자 "전하의 시녀는 다 궁중에 들이면서 왜 나의 가이어리는 내보내려고 하시느냐"는 반항조의 수서手書손수 쓴 글를 올렸다. 이처럼 세자가 정면으로 대들자 태종은 당황한 듯 "세자는 내가 잘 되라고 하는 말을 싫어한다"면서 "장차 가르치기가 어렵겠으니 어떻게 처리할까"라고 말했다태종실록 18/05/30.

6월에 접어들면서 태종은 결국 세자에 대한 기대를 접는다. "내가 세자의 글을 보니 몸이 송연하여 가르치기가 어렵겠다."는 말이 그것이다. 특히 그는 "이 아이는 비록 마음을 고친다고 하더라도 그 언사의 기세로 보아 정치를 하는 날에 사람에 대한 화복을 예측하기가 어렵겠다"고 말했다태종실록 18/06/01. 이런 상황에서 유정현 등 조정의 거의 모든 신료들이 세자의 잘못을 낱낱이 고하는 상소를 올렸고, 마침내 태종은 "만약 후일에 생사여탈의 권력을 마음대로 한다면 형세를 예측하기 어렵겠다"면서 그 말에 공감을 표했다. 이에 힘입은 의정부 이하 여러 신료들은 다시 상소를 올려 "전하는 태조의 초창한 어려움을 생각하고 종사 만세의 대계를 생각하여 대소신료의 소망을 굽어 따르시어 대의로써 결단하여, 세자를 폐하여 외방으로 내칠”것을 요청했다^{태종실록} 18/06/02. 여기서 중요한 것은 신료들이 세자로는 “종사 만년의 대계” 즉 수성기로의 전환이 불가능하다고 보았다는 점이다.

따라서 신료들과 태종은 다음 세자의 가장 중요한 조건으로 왕조의 안정된 치세를 들었고, 충녕대군이 그런 점에서 적합하다는 것이 태종이 '충녕대군을 선택한 이유'였다^{태종실록} 18/06/02 10). 태종이 충녕을 택한 첫째 이유는 총명하고 배우기를 좋아한다는 점이었다. 세자의 스승들을 모두 실망시켰던 양녕과 달리 충녕은 밤이 새도록 글을 읽어 당대 최고의 지식인이었던 변계량의 칭찬을 들을 정도였다. 특히 '무인 가문'이라는 이미지를 벗을 수 있고, 지식인 사회를 이끌어갈 수 있는 지적 리더십을 겸비한 좋은 후계자의 등장이 태종에게는 더 없이 반가웠다.

둘째, 정치의 대체를 안다는 점이었다. 태종에 따르면 충녕대군은 정치의 큰 흐름을 알아서 매양 큰일이 닥쳤을 때 헌의獻議 _{의견을 제}^{시함}하는 것이 진실로 합당했고, 보통 사람들이 낼 수 없는 아이디어를 제시하곤 했다. 한마디로 일머리를 알고 있다는 것이 충녕의 두 번 째 장점이었다.

셋째, 외교 능력이다. 태종에 따르면 중국 사신을 접대할 때 충녕은 몸이 빛나고 언어동작이 두루 예에 부합했다. 게다가 술을 적당히 마시고 그칠 줄 알아서 사신을 대할 때 자연스러우면서도 실수하지 않았다. 1년에 두세 차례 찾아오는 중국 사신을 맞이해야 하는 조정으로서는 적당한 주량과 주법의 세자가 필요했다.

넷째, 안정적 왕위계승자의 존재다. "그 아들 가운데 장대壯大한 놈이 있다"는 말은 향나중의 문종을 가리킨 말일 텐데, 장대하다는 것이 단순히 키가 크다는 것이 아니라 학문 등에서도 전망이 있다는 말로 해석된다. 한마디로 충녕대군 한 시대에서 끝나는 것이 아니라 그 후의 세대에서도 정책이 계승되고 왕조가 번창해 나갈 것으로 태종은 기대했던 것이다.

왕위계승과 관련하여 주목되는 것은 세자 교체에서 왕위전위 과정까지 60일간 일어난 일련의 사건이다.

_ 6월 3일. 충녕대군으로 세자 교체/ 세자교육을 위한 서연관 구성

_ 6월 5일. 양녕대군을 경기도 광주에 내침

_ 6월 7일. 세자에게 새로 설치한 의용위의 군사 지휘 돕도록 함/ 익위사를 강화

_ 6월 10일. 서연 열어 사서四書 진강케 함("좌우 모두 탄복")

_ 6월 17일. 세자와 세자빈에게 책문 내림. 대사면. 문무백관들의 하례

_ 6월 21일. 조계朝啓에 참여하여 본격적인 정치수업 받음

_ 6월 27일. 세자로 하여금 동쪽에 앉아 국왕 대신 청정하게 함

_ 7월 1일. 가뭄으로 구언교지 내려 들어온 진언을 육조에서 선택케 함

_ 7월 2일. 태종, 개경에서 한양으로 돌아오는 계획 수립(7월 19일로)

_ 7월 4일. 세자에게 한양의 종묘에 배알케 함

_7월 8일. 세자의 북경의 명나라 황제 조현朝見 날짜 정함(8월 6일, 나중에 18일로 수정)

_7월 19일. 세자에게 왕비 등 모시고 한양에 환궁케 함

_7월 26일. 군을 삼군과 의용위로 나누어 왕과 세자가 서로 구원하게 함

_7월 27일. 태종, 한양에 환궁

_8월 1일. 원단에 보사제 지냄

_8월 6일. 취각의 편제를 다시 짬

_8월 7일. 지진, 홍수, 천둥번개

_8월 8일. 전위

_8월 10일. 세종 즉위

여기서 주목되는 것은 7월 26일 분군分軍 체제와 8월 6일 취각제를 재편하는 작업이다. 먼저 태종은 "군을 둘로 나누어 하나는 삼군에 붙이고 하나는 의용위에 붙일 것"을 지시했다. 그래서 왕이 밖에 있으면 세자가 하나를 장악해 안에 있고, 왕이 안에 있으면 세자가 밖에서 하나를 장악하게 한다면 "서로 구원하는 뜻이 있고 피차에 근심이 없을 것"이라는 게 태종의 설명이다. 이것은 군권을 특정인이 전적으로 장악하지 못하게 하여 권세가 옮겨지지 않도록 하면서도 군령을 통속시키려는정종실록 02/04/06 것으로, 태종은 왕과 왕세자의 이원적 체계로 이 문제를 해결하고자 했다.

다른 한편, 태종은 비상시 군사를 모으기 위해 취라치나각을 불던 취

^{타수}가 각을 불면 시위 군사들이 갑병을 갖추고 지정된 장소로 달려 나오게 하는 이 편제를 세자를 중심으로 다시 짰다. 즉 "왕세자가 갑주를 입고 군사를 거느리고 대궐문 밖에 이르면 삼군의 군사가 운^運을 지은 뒤에 따로 일진을 만들어 명을 기다린다"는 것이다. 이에 대해서 태종은 "취각의 날을 당해 허소한^{허술한} 기세가 있으면 잠시라도 너그러이 용서함이 없을 것"이라고 말하고 있다^{태종실록 18/08/06}. 이 문제는 나중에 세종 즉위 후 강상인 옥사의 단서가 되기도 했다.

정치는 '사람의 일'이다

태종은 대내외적 혼돈과 도전 속에서 수성기로의 진입을 정치적 목표로 삼는 한편 그 목표를 위해 좋은 후계자를 선정하고 성공적으로 왕위를 승계하려 했다. 그 과정에서 외척과 공신의 도전, 태종 자신의 정치에 대한 혐오 그리고 중국의 끝없는 요구와 횡포가 장애물로 작용했다. 이 장애물들을 그는 때로는 공세적 작업으로 사전에 제거하기도 하고, 또 때로는 지성사대로 상대방의 마음을 사기도 했다.

이 가운데 가장 중요한 것은 왕 자신이 정치 세계에 도취되지 않고, 권력에 일정한 거리두기를 할 수 있었다는 점이다. 다른 한편 그는 불교나 미신 등 그 어느 종교에도 심취하지 않았다. 오로지 그는 정치를 '사람의 일'로서 인식하고, 왕 자신이 할 수 있는 모든 일을 해놓으려 했다. 특히 새로 즉위하는 왕에게는 민심을 잃는 일을 하지 않도록 궁궐을 증축하는 일이나, 내외척을 제거하는 일 등 이른바 '손에 피를 묻히는 일'을 기꺼이 해치웠다. 그리고 그러한 악역의 마지막 작업은 세종의 장인인 심온을 제거하는 일이었다. 그는 왕위를 물려준 다음에도 후임 국왕이 순탄하게 정치하도록 기반을 닦는 일을 계속했다.

특히 간과할 수 없는 것은 태종이 펼친 각종 개혁호패법, 화폐개혁, 군제개혁으로 인해 서울과 지방의 창고가 가득 차서 물로 주변을 둘러싸게 하는 창고를 지을 수 있었다는 사실이다태종실록 06/05/25. 태종시대의 이 같은 나라의 살림살이가 있었기에 세종에 이르러 문화정치가 가능했다는 해석이 가능한 대목이다.

결론으로 태종은 자신의 재위기간에 대외적 안전보장을 담보하고[11], 대내적으로는 안정적인 정치운영과 경제생활을 가능하게 만들었을 뿐만 아니라, 세종과 같은 뛰어난 후계자에게 왕위를 물려주는 위업을 달성한 영명한 군주로 평가할 만하다.

박현모

한국학중앙연구원 세종국가경영연구소 연구실장이다. 서울대 정치학과 대학원에서 〈정조의 성왕론과 경장정책 연구〉로 박사학위를 받았다. 이후 세종, 숙종, 인조, 영조의 국가경영을 연구하고 있으며, '실록학교' 등에서 세종과 정조의 국왕 리더십을 강의 중이다. 지은 책으로는 《세종처럼》, 《세종, 실록 밖으로 행차하다》, 《정치가 정조》, 《세종의 수성 리더십》 등이 있다.

1) 이 점에서 조남욱의 연구(1997)는 선구적이다. 그런데 조 교수는 이런 문제의식하에서 태종의 정치철학을 '유교정신'의 측면에서 조명하고 있으나, 그 유교정신의 내용이 구체적으로 무엇인가에 대한 논의까지는 나가지 못하고 있다.

2) 《태종실록》 18년 8월 8일 을유조. 이하에서는 '태종실록 10/8/8'로 표기한다.

3) 태상왕을 끼고 나온다는 얘기는 변남룡 부자가 무고한 말임이 밝혀졌으나, 그 당시 반反 이방원 세력의 정서를 반영한 것으로 보인다.

4) 최승희 교수에 따르면, 정종이 열 살 연하의 아우 방원을 왕세제王世弟가 아닌 세자로 삼은 것은 이해할 수 없는 것으로서, 그것은 "정종의 세자가 아니라 상왕인 태조의 세자"이며 따라서 "태조의 왕통이 바로 이방원에게 내려짐"을 보여주기 위한 이방원의 의도에 따른 것이다(최승희 2002, 64).

5) 태종과 세종시대의 '가家'와 '국가國家' 그리고 '왕가王家'의 관계에 대한 자세한 설명은 이한수의 박사논문(2005) 제2장을 참조할 것.

6) 여기서 영기 있는 자란 대체로 충녕대군을 지칭하는 것으로 보인다. "우리 아이 아무개(세종의 휘)가 글씨를 쓴 종이 한 장을 내어 돌려보냈더니" 민무구가 "술취한 것을 빙자하여 발광發狂하였다"는 말이 그것이다(태종실록 07/09/18).

7) 물론 민무구 형제의 제거 과정은 석연치 않은 구석이 많이 있다. 민 씨 형제 자신들이 혐의를 완강히 부인했고 대부분의 혐의 내용이 태종의 말을 통해서 나왔다는 점, 그들의 사후 불과 9개월 만에 복권시켰다는 점(태종실록 10/12/18), 그리고 뒤의 심온 사건에서 보다시피 자신의 정치적 걸림돌을 먼저 제거하는 태종의 통치 스타일 등을 고려할 때 민무구 형제의 '대역지심'은 다분히 확대 재생산된 것일 수 있다.

8) 원경왕후 민 씨가 태종의 후궁을 용납하지 못하고 '질투'의 화신이 된 것도 이와 무관하지 않다. 여염집 부부의 관계가 궁궐 안으로 옮겨지면서 '애정'보다는 '공공의 예법'에 의해 묶이는 왕실 생활이 낯설게 받아들여졌던 것이다.

9) 제3차 선위 발언은 다소 돌출된 행동으로 나왔다. 재위10년 10월에 중국 사신을 만난 자리에서 "내가 병이 있어서 세자로 하여금 자리를 잇게 하려고 한다"고 말한 것이다. 통역관이 이 말을 듣고 통역하기를 어려워하자 태종은 꾸짖었다. 이 선위 발언은 결국 중국 사신이

중국에서 좋은 약을 구해서 병을 치료하게 하겠다는 발언과, "신민의 실망"을 들어 만류하는 조영무에 의해 유야무야 되었다(태종실록 10/10/19).

10) 세자 교체 과정에 대한 자세한 소개는 이한수(2005) 제3장 참조.

11) 태종 말기가 되면 명의 영락제와 조선의 태종 사이에 두터운 신뢰가 형성된 것으로 판단된다. 예컨대 김점이 북경에 갔을 때 예부상서는 불경 300본을 내려주면서 "오로지 너의 조선이 예의의 나라이고 또 (황제가) 전하를 경애하기 때문에 특별히 내려주는 것"이라고 말했다. 또한 "황제가 전하의 성심에 대하여 참으로 중히 여긴다"는 말도 전했다(태종실록 18/5/19).

■ 참고문헌

김성준, 1962, '태종의 외척서법에 대하여: 민씨형제의 옥' 〈역사학보〉 제17·18합집, 역사학회

박현모, 2008, 《세종처럼: 소통과 헌신의 리더십》, 미다스북스

이성무, 1998, 《조선왕조사1》, 동방미디어

이한수, 2005, 〈세종시대 '家'와 '國家'에 관한 논쟁〉, 한국학중앙연구원 한국학대학원

정윤재 외, 2009, 《세종 리더십의 형성과 전개》, 지식산업사

조남욱, 1997, '조선조 태종의 정치철학 연구' 〈동양학〉 제27호, 단국대 동양학연구소

최승희, 2002, 《조선초기 정치사 연구》, 지식산업사

최근 실록읽기를 통해 세종과 그의 시대에 관심을 갖고 공부하는 정치학자들은 세종이 백성들을 지극정성으로 보살폈음을 강조하고 있다. 필자 또한 그의 치세를 보살핌의 정치로 규정하고, 세종의 보살핌의 정치는 천민天民/대천이물代天理物의 정치사상을 바탕으로 생명존중, 민생해결, 교화소통教化疏通의 정책을 실천했음을 이미 논구한 바 있다.[1] 그러나 필자는 세종의 정치지도자로서의 면모는 사상이나 가치관 그리고 정책 내용을 중심으로 해명됨과 동시에 그것을 실천하는 과정에서 보여진 그의 리더십 행동상의 특징으로도 드러날 필요가 있다고 생각한다. 그렇지만 32년 동안 재위하면서 다양한 분야에서 탁월한 업적들을

세종의 '보살핌' 리더십

훈민정음 창제와 보급과정에서 보여준

남긴 세종의 리더십 행동상의 특징들을 종합적으로 규명하는 일은 적지않은 천착과 끈질긴 노력을 요하는 작업이다. 따라서 이 글에서는 세종의 정치리더십의 성격, 그 중에서도 특히 리더십 행동상의 특징을 보다 선명하게 드러내는 작업의 중요성을 염두에 두고, 그러한 작업의 출발로서 먼저 세종의 주요 업적 중 하나인 훈민정음 창제와 반포 이후의 보급과정을 전반적으로 검토하면서 이 과정에서 나타난 세종의 리더십 행동상의 특징들을 드러내고자 한다.

소통교화를 통한 여민동락與民同樂에의 꿈

세종이 훈민정음을 창제한 동기가 무엇이냐에 대한 설명은 다양하
다. 우선 기존의 연구들에서, 훈민정음의 창제는 첫째, 민중의 동향
을 파악하기 위한 정책적 목적에서 시도되었다는 견해[2], 둘째, 백
성들의 자의식이 성장한 결과라는 설명[3], 셋째, 언어와 문자의 분
리로 인한 사회계층 간의 분리를 극복하려는 세종의 의도라는 해석
[4] 이 대표적이다. 정치지도자의 정책은 통상 부분적인 목적과 함께
포괄적이고 광범위한 비전을 위해 입안되고 집행된다. 그리고 이에
대한 학자들의 해석과 평가는 각자의 강조점과 검토한 자료, 그리
고 정치에 대한 관념에 따라 달리 나타날 수 있다. 훈민정음의 창제

동기에 대한 위의 설명들 역시 이러한 관례에서 벗어나지 않고, 더욱이 이같이 각기 다른 견해들이 각각 세종실록의 어느 부분에 기초해서 제시된 것인지가 분명치 않다. 그래서 필자는 세종이 훈민정음 창제를 준비하고 반포하는 과정을 보여주는 실록의 내용들을 다시 찾아 검토하면서 세종의 훈민정음 창제동기와 목적을 확인해 보는 것이 필요하다고 생각한다.

우선 세종은 재임 중반기쯤에 해당하던 시기인 재위14년 11월, 어전에서 정사를 보던 중 백성들이 글을 알아 각종 법률 조항들을 쉽게 읽고 깨우쳐 스스로 위법행위를 피하게 하는 것이 정치의 마땅한 도리임을 강조했다. 세종은 좌우근신左右近臣들에게 이르기를 "비록 사리事理를 아는 사람이라 할지라도, 율문律文에 의거하여 판단이 내린 뒤에야 죄의 경중을 알게 되거늘, 하물며 어리석은 백성이야 어찌 범죄한 바가 크고 작음을 알아서 스스로 고치겠는가. 비록 백성들로 하여금 다 율문을 알게 할 수는 없을지나, 따로이 큰 죄의 조항만이라도 뽑아 적고, 이를 이두문吏讀文으로 번역하여서 민간에게 반포하여 보여, 우부우부愚夫愚婦들로 하여금 범죄를 피할 줄 알게 함이 어떻겠는가"14/11/7 했다.

이에 이조판서 허조가 아뢰기를, "신은 폐단이 일어나지 않을까 두렵습니다. 간악한 백성이 진실로 율문을 알게 되면, 죄의 크고 작은 것을 헤아려서 두려워하고 꺼리는 바가 없이 법을 제 마음대로 농간하는 무리가 이로부터 일어날 것입니다"14/11/7 하였다. 그러나 세종은 허조의 이러한 말을 즉각 비판했다. "그렇다면 백성으로 하여금 알지 못하고 죄를 범하게 하는 것이 옳겠느냐. 백성에게 법을 알지 못하게 하고, 그 범법犯法한 자를 벌주게 되면, 조삼모사朝三暮四의 술책에 가깝지 않겠는가. 더욱이 조종祖宗께서 율문을 읽게 하는 법을 세우신 것은 사람마다 모두 알게 하고자 함이니, 경 등은 고전을 상고詳考하고 의논하여 아뢰라"14/11/7고 명했다.

그리고 허조가 물러간 뒤, 세종은 말하기를, "허조의 생각에는, 백성이 율문을 알게 되면, 쟁송爭訟이 그치지 않을 것이요, 윗사람을 능멸하는 폐단이 점점 있게 될 것이라 하나, 그러나 모름지기 세민細民으로 하여금 금법禁法을 알게 하여 두려워서 피하게 함이 옳겠다"14/11/7 하였다. 이후 세종은 집현전에 명하여 옛적에 백성으로 하여금 법률을 익히게 하던 일이 있는지를 찾아볼 것을 지시했다.5)

조선왕조 전기의 사회는 친족 살해와 강도, 강간, 절도 등이 줄어들지 않아 아주 문란한 사회상을 노정露呈하고 있었고, 세종은 일찍부터 교화敎化를 통해 사회기강을 바로잡고자 노력했다. 즉 세종은 "잘 다스려지는 날은 항상 적고, 어지러운 도적의 무리가 세상에 발을 붙이게 된 것은 임금이 인간의 본성을 제대로 교도敎導 보양保養하지 못한 데"14/6/9 원인이 있다고 보고, "인륜을 도타이 하여 풍속을 이루게 하는 것은 나라를 가진 자의 선무先務"16/4/27라 생각했다. 그래서 그는 재위13년 무렵부터 《삼강행실도》의 편찬에 착수했고 이듬해에 편찬하면서 이를 "널리 민간에 보급하여 어진 자와 어리석은 자, 귀한 자와 천한 자, 어린이와 부녀자의 구별 없이 모두 다 즐겨보고 익히 들으며…읊어서 인정人情과 성품을 본받게"14/6/9 되기를 기대했다.

그러나 《삼강행실도》를 반포한 세종16년 때만 해도 대부분의 백성들이 문맹文盲이라서 "책을 나누어 준다 할지라도 남이 가르쳐 주지 않으면 그 뜻을 알아 감동하고 착한 마음을 일으킬 수"16/4/27 없는 무용지물이었기 때문에, 세종은 "학식 있는 자를 선택하여 무지한 백성에게 항상 가르치고 지도하여 일깨워 주도록"16/4/27했다. 그리고 《삼강행실도》를 펴낼 즈음에, 이미 펴낸 《효행록》에 조선인의 행실을 보태고 그림을 그려 넣어 글을 몰라도 그 내용을 이해할 수 있도록 배려한 것으로 보아, 세종은 적어도 이때부터 백성들이 문자를 알아 직접 책을 읽고 행실을 바로잡을 수 있게 하는 방법을 모색하기 시작했던 것으로 추측할 수 있다.[6] 세종이 훈민정음을 창제한 이듬해인 1444년 2월, "내가 만일 언문諺文으로 삼강행실三綱行實을 번역하여 민간에 반포하면 어리석은 남녀가 모두 쉽게 깨달아서 충신, 효자, 열녀가 반드시 무리로 나올 것이다"26/2/20 라고 말했던 것은, 그가 문자 보급을 통해 백성들이 불편함없이 소통하며 미풍양속을 이루며 살기를 기대했었음을 시사한다.

그래서 재위28년(1446) 9월 29일, 훈민정음을 반포하면서 예조판서 정인지는 서문을 통해, "나랏말이 중국과 달라 한자漢字와 서로 통하지 아니하므로, 우매한 백성들이 말하고 싶은 것이 있어도 마침내 제 뜻을 잘 표현하지 못하는 사람이 많다. 이를 딱하게 여기어 새로 28자를 만들었으니 사람들로 하여금 쉬 익히어 날마다 쓰는 데 편하게 할 뿐이다"28/9/29라고 씀으로써 훈민정음 창제의 뜻이 백성들이 일상생활에서 편하게 말하고 뜻을 펼쳐 서로 소통하게 하는 데 있음을 밝혔다.

정인지는 또 이를 자세히 풀어 다음과 같이 설명했다. "천지자연의 소리가 있으면 반드시 천지자연의 글이 있게 되니, 옛날 사람이 소리로 인하여 글자를 만들어 만물의 정을 통하여서, 삼재三才의 도리를 기재하여 뒷세상에서 변경할 수 없게 한 까닭이다. 그러나 사방의 풍토가 구별되매 성기聲氣도 또한 따라 다르게 된다. 대개 외국의 말은 그 소리 있어도 그 글자는 없으므로, 중국의 글자를 빌려서 그 일용에 통하게 하니, 이것이 둥근 장부가 네모진 구멍에 들어가 서로 어긋남 같은데, 어찌 능히 통하여 막힘이 없겠는가. 요는 모두 각기 처지에 따라 편안하게 해야만 되고, 억지로 같게 할 수는 없는 것이다. 우리 동방의 예악 문물이 중국에 견주되었으나 다만 방언方言과 이어俚語 항간에 떠돌며 쓰이는 속된 말만이 같지 않으므로, 글을 배우는 사람은 그 지취旨趣그 일에 깃들여 있는 깊은 뜻의 이해하기 어려움을 근심하고, 옥사獄事를 다스리는 사람은 그 곡절의 통하기 어려움을 괴로워했다. 옛날에 설총薛聰이 처음으로 이두吏讀를 만들어 관부와 민간에서 지금까지 이를 행하고 있지마는, 그러나 모든 글자를 빌려서 쓰기 때문에 혹은 간삽艱澁하고거칠고 혹은 질색窒塞하여, 다만 비루하여 근거가 없을 뿐만 아니라 언어 사이에서도 그 만분의 일도 통할 수 없었다."7)

  이상에서, 우리는 훈민정음 창제가 단순히 세종 개인의 학문적 호기심에서 비롯된 것이 아니었음을 알게 되었다. 그것은 "어디까지나 [백성들 간의] 의사소통의 수단으로서, 치국治國을 위한 방략方略의 일부로 고안된 것"8)이되, 무지한 백성들이 교화개명되어 서로 사람답게 소통할 수 있게 하고자 했던 세종의 극진한 배려와 보살핌에서 비롯된 것이었음을 알게 되었다. 세종은 유교적 여민동락與民同樂에의 비전을 갖고 있던 정치지도자로서, 이를 위해서는 하늘로부터 위임받은 귀한 백성, 즉 "천민天民"9)들이 걱정 없이 먹고 살 뿐 아니라 누구나 글을 깨우쳐 빈부귀천 없이 사람으로서 억울함이나 불편함이 없이 그 뜻을 펴고 서로 소통할 수 있어야 한다고 생각했던 것이다.

단호하게, 그러나 비밀리에 추진하다

세종이 재위26년(1444) 윤7월 23일에 술회한 바와 같이, 훈민정음 창제는 수령육기제守令六期制 수령의 임기를 3~6년으로 연장한 법 실시와 4군6진 설치와 같이, 그가 "여러 사람의 의논에 좇지 않고不從衆議, 대의大義를 가지고 강행"한 것이며, "남들은 다 불가하다고 하는 것을 내가 홀로 여러 사람의 논의를 배제하고予獨排衆議 추진"26/윤7/23했던 프로젝트였다. 그러나 세종이 훈민정음을 창제하는 자세한 과정이 실록에 직접적으로 기록되어 있지는 않다. 그래서 실록을 보면서 앞뒤 사정과 문맥을 따져 미루어 살필 수밖에 없다.

세종은 재위14년에 하은주夏殷周 이후 인륜이 쇠퇴한 것은 교화敎化가 쇠퇴했기 때문이라는 문제의식에서10) 백성들에게 《삼강행실도》를 미리 읽혀 범죄를 행하지 못하게 하고, 백성들이 언문으로라도 죄를 알게 한 연후에 법을 시행하는 것이 마땅하다고 여겼다. 그는 백성들이 신분고하를 막론하고 누구든지 쉽게 익히고 쓸 수 있는 글자로 책이나 문서들을 읽을 수 있어 서로 소통하는 개명開明된 삶을 영위할 수 있기를 바랐던 것이다. 그는 "중국에는 부녀도 문자를 알았던 까닭에 혹 정사에 참예하였다. … 우리 동방은 부녀들이 문자를 깨치지 못한 까닭에 부인이 정사에 참예하지 못한 것은 진실로 의심할 바 없으나, [문자를 아는] 환자宦耆 내시가 정사를 어지럽히는 것은 두려워할 일이다"19/11/12라고 말했는 바, 이는 그가 문자와 정치가 매우 긴밀한 관계에 있음을 인식하고 있었음을 보여주는 사례다. 그리고 세종은 이전부터 "무슨 일이든지 전력을 다해 다스린다면 이루어지지 않는 것이 없을 것이다"12/9/11라고 언급한 적이 있는데, 그가 훈민정음 창제처럼 힘들고 어려운 일을 추진하면서 이런 생각을 하지 않았을 리 없다. 여러 정황으로 보아, 세종은 적어도 재위10년 이후 15년 사이 어느 시점에서 훈민정음 창제를 결심하고 준비했던 것으로 추정되는 바,11) 그 이후 훈민정음 창제 추진 과정을 추적해 보면 다음과 같다.

우선 세종은 자신이 스스로 건강을 유지하고12) 부지런하게 모든 국사를 미루지 않고 처결處決하며 훈민정음 창제를 주도했다. 앞에서도 언급했듯이, 그가 훈민정음 창제를 결심한 것은 대략 재위 10년과 15년 사이로, 이후 적어도 7, 8년 동안 자료 준비와 조사와 연구 검토를 내밀하게 추진했을 것으로 추정된다. 세종은 재위 16년 (1434) 6월 26일부터 18년(1436) 음력 4월 4일까지 《통감훈의》를 편찬, 발간했는데, 이때 세종은 매일 저녁 밤늦도록 오류를 친히 교정했고 심지어는 윤대輪對 신하들이 차례로 임금에게 정치에 관한 의견을 아뢰던 일를 장기간 정지시키기까지 했다. 이때 대제학 윤회尹淮는 아뢰기를, "밤에 잔글씨를 보면 눈병이 나실까 두렵습니다"16/음12/11 라고 고하였는 바, 세종은 몸을 돌보지 않고 다른 국사를 소홀히 하지 않으면서도 훈민정음 창제에 몰두했던 것이다. 그리고 세종은 재위21년(1439) 음력 3월부터는 경연에 나아갔다는 기록이 보이지 않는다.[13] 훈민정음 창제를 일단 끝낸 후인 재위26년 2월 28일과 5월 7일 사이에는 눈병 때문에 휴양차 청주 초수리椒水里로 행차했는데, 이때도 세종은 다른 정사는 의정부議政府에 맡기고 훈민정음 관련 자료들을 가지고 가서 검토하고 연구하기를 쉬지 않았다.[14]

세종은 소수의 제한된 인재들과 함께 비밀리에 연구와 회의를 거듭하면서 추진했다. 왜냐하면 최만리가 재위26년 2월 20일에 올린 장문의 상소를 통해 지적했던 것처럼, 만약 조공을 바치는 조선이 자신만의 문자인 훈민정음을 창제한다는 소문이 "중국에라도 흘러 들어가면" 자칫 외교문제로 비화될 우려가 있었다. 그와 동시에 국내에서도 "이제 따로 언문을 만드는 것은 중국에 가까워지는 길을 버리고 스스로 오랑캐와 같아지려는 것"이라고 비판했던 유교적 사대부들의 저항에 부딪혀 훈민정음 창제는 좌절되거나 방해받을 염려가 있었기 때문이었다.[15]

실록에는 창제를 완료한 재위25년(1443) 12월 이전에 어느 왕족이나 신하가 훈민정음 창제를 거들었다는 기록이 명시적으로 나오지는 않는다. 다만 실록에 실린 다음과 같은 몇 가지 사실들은 이 '소수의 제한된 인재들' 속에는 세자를 포함한 왕자들 외에 몇몇 집현전 학사들이 포함되었음을 추정케 한다. 즉 세종은 세자에게 서연書筵 왕세자에게 경서를 강론하던 자리에서 중국어를 가르치도록 하고 진양대군나중에 수양대군이 됨과 안평대군에게 금중禁中 궁중에서 강독하는 기록,[16] 그리고 세종이 "날마다 세자와 더불어 세 차례씩 같이 식사를 하는데, 식사를 마친 뒤에는 대군 등에게 책상 앞에서 강론하게 하고, 나도 또한 진양대군에게 공부를 가르쳐 준다"20/11/23 라는 기록들은 세종의 훈민정음 창제를 가까이서 보필한 사람이 우선 세자와 대군들이었음을 추측케 하는 부분이다.

그런가 하면, 또한 창제 이후 한 달 보름만인 1444년 2월 16일, 세종은 집현전 교리校理 최항, 부교리副校理 박팽년, 부수찬副修撰 신숙주, 이선로, 이개, 돈녕부주부敦寧府注簿 강희안 등에게 명하여 의사청議事廳에 나아가 훈민정음으로 《운회韻會 명나라에서 한족 고유의 한자 발음을 되찾고자 쓴 어문책》를 번역하게 했고, 동궁과 진양대군과 안평대군으로 하여금 그 일을 관장케 했다. 이러한 기록은 집현전 학사들이 이미 훈민정음 창제 과정에 참여했고 또 그 과정에서 이미 훈민정음을 익혔기 때문에 이들에게 번역할 기회가 주어졌을 것으로 짐작하게 하는 부분이다.

신중한 연구를 계속하고 반대론을 극복하다

세종은 훈민정음 창제를 완료하기 바로 전과 창제를 공식으로 반포하기 바로 이전까지 계속해서 훈민정음의 실험적 활용과 언어 연구에 매진했다. 즉 세종은 창제가 거의 완료되어 가던 무렵인 재위24년(1442) 3월 1일, 이제 갓 만들어진 훈민정음을 실험하여 〈용비어천가〉를 지을 목적에서 경상도와 전라도의 관찰사에게 고려 우왕禑王 6년 9월에 태조 이성계가 왜구倭寇를 소탕할 때의 여러 사실들을 조사하여 보고하라는 전지傳旨를 내리고, 그 다음날인 2일에는 예문관제학禮文館提學 안지와 직집현전直集賢殿 남수문에게 태조 이성계의 잠저潛邸 임금이 되기 전에 살던 집 시절부터의 행적을 조사하도록 지시했다.[17] 이렇게 3년여의 작업을 거쳐 재위27년(1445) 4월 5일, 의정부 우찬성 권제, 우참찬 정인지, 공조참판 안지 등이 조선왕조를 세운 선왕先王들의 업적을 찬양하고 왕조의 영세永世를 노래하는 시가詩歌 125장이 모아진 〈용비어천가〉 10권을 완성하여 세종에게 올렸던 것이다.

또한 바로 앞에서 지적한 것처럼 세종은 이미 훈민정음 창제가 이미 끝난 이후인 재위26년(1444) 2월 16일, 왕자들과 집현전 학사들에게 《운회》와 같은 언어 관련 서적을 훈민정음으로 번역하는 작업을 지시했다.[18] 이 책은 한문의 발음기호들을 모아놓은 책이었다. 그런가 하면, 세종은 반포 바로 전해인 재위27년(1445) 1월 7일, 집현전 부수찬副修撰 신숙주와 성균관 주부注簿 성삼문과 행사용行事勇 손수찬을 요동으로 보내 황 찬이란 학자에게 《운서韻書》에 대해 질문하여 오도록 했다. 이같이 연구에 매진하는 한편으로 세종은 "관리 10여 인을 모아 [훈민정음을] 가르쳐 익히게" 했는 바, 세종이 훈민정음을 새로 만들어 놓고도 이를 "경홀輕忽히 백성에게 반포하지 않고" 이렇게 연구와 실험을 거듭한 것은 훈민정음 창제와 활용에 있어 "좀더 완벽을 기하기"[19] 위한 배려에서였다. 그리고 이 과정에서 세종은 눈병이 나 요양하면서도 훈민정음 관련 일거리를 가지고 가서 틈나는 대로 다듬고 확인하는 데 게으르지 않았다.[20]

세종은 훈민정음 창제 반대론을 논리적으로 적극 반박하는 동시에 반대자들을 처벌하는 등 훈민정음을 본격적으로 활용하고 보급하기 위한 일련의 정치 과정에서 매우 단호하게 행동했다. 집현전 부제학副提學 최만리는 반대 상소를 통해, 훈민정음 창제는 첫째, "사대모화事大慕華에 부끄러움"이 있는 처사고, 둘째, 몽고, 여진, 일본과 같이 중국과 다른 문자를 쓰는 것은 "모두 이적夷狄의 일이므로," 셋째, 훈민정음은 "천하고 상스러운 무익한 글자"로 "학문에 손해가 있고 정치에 이로움이 없으므로," 넷째, "형옥刑獄의 공평하고 공평하지 못함이 옥리獄吏의 어떠하냐에 있고, 말과 글의 같음에 있지 않"으며, 다섯째, "널리 여러 사람의 의견을 캐지 아니하고" "모두 빨리 이루는 것을 힘쓰니"개무속성皆務速成 문제가 심대하며, 여섯째, "동궁이 비록 덕성이 성취되었다 할지라도 아직은 [한문을 통해] 성학聖學에 잠심潛心마음에 두고 깊이 생각함하시어 더욱 그 이르지 못한 것을 궁구窮究해야 할 것"[26/2/20]이기 때문에, 훈민정음 반포를

중지해야 한다고 간했다.[21)

  세종은 이러한 반대 상소를 자세히 읽은 다음, 이에 대응하여 다음과 같이 논박했다. 첫째, 훈민정음이 한자를 달리 읽는 음들을 합하여 글자를 만든 것에 불과하다고 비판하지만, 설총의 이두 역시 한자를 읽는 다른 음으로 만든 글자 아닌가?[22) 둘째, 훈민정음도 이두와 마찬가지로 백성들을 편리하게 하려는 목적에서 만들어졌다. 따라서 "너희들이 설총은 옳다 하면서 군상君上의 하는 일은 그르다 하는 것은 무엇이냐?" 셋째, 최만리가 언어학에 관한 한 지식이 부족함을 지적하여, "네가 운서韻書를 아느냐? 사성칠음四聲七音의 자모字母가 몇이나 되느냐? 만약 [군주로서 언어학을 공부해온] 내가 바로잡지 아니하면 누가 이를 바로 잡을 것이냐?" 넷째, 훈민정음을 만드는 일을 너희들이 "신기한 재주"신기일예新奇一藝라고 했지만, 만년에 책읽기를 좋아하며 지내는 내가 "어찌 옛 것을 싫어하고 새 것을 좋아하여 하는 일이겠느냐?" 또 "전렵田獵사냥으로 매사냥을 하는 예도 아닌데 너희들의 말은 너무 지나침이 있다." 다섯째, 내가 늙고 나이가 들어 세자로 하여금 서무 등 작은 일들로부터 시작하여 국사에 참예케 하는 데 있어 하물며 훈민정음 창제엔들 왜 간여하지 못하겠는가? 그리고 "만약 세자로 하여금 동궁에만 있게 한다면, 환관宦官에게 일을 맡길 것이냐? 너희들이 시종의 신하로서 내 뜻을 환히 알면서도 이러한 말을 함이 옳으냐?"26/2/20고

반문했다.[23)]

그렇지만 세종은 최만리의 반대 이유에 대해 모든 사항을 언급하며 대응하지는 않았다. 예컨대 훈민정음 창제가 사대주의에 어긋난다든지, 성학을 닦는 데 유익하지 못하다든지 하는 부분에는 일일이 논박하지 않았다. 아마 세종도 내심 그렇게 주장할 만한 이유가 없지 않다고 생각했을지도 모른다. 그러나 전략상 이 부분을 아예 언급하지 않는 방식으로 대처하는 기지를 발휘했다. 세종은 반론反論을 펴면서 최만리가 추가로 시도한 변명에 대해서도 더 이상 대꾸하지 않음으로써 토론의 주도권을 잡아나갔던 것이다. 세종이 구사한 이 같은 토론 기술은 최만리의 반대 상소가 더 이상 논란의 대상이 되지 못하게 하여 훈민정음 창제라는 본래 목적을 이루는 데 걸림돌이 되지 않도록 하는 데 유용했던 것으로 보인다.

그러고는 즉시 훈민정음을 논의하는 가운데 문제가 심각한 발언을 한 다른 조신朝臣들인 김문과 정창손을 향해 세종은 즉시 다음과 같이 공세를 취했다. "저번에 김문이 아뢰기를, '언문을 제작함에 불가할 것은 없습니다.' 했는데, 지금은 도리어 불가하다 하고, 또 정창손은 말하기를 《삼강행실도》를 반포한 뒤에도 충신, 효자, 열녀의 무리가 나옴을 볼 수 없는 것은, 사람이 행하고 행하지 않는 것이 사람의 자질 여하에 달려 있기 때문입니다. 어찌 꼭 언문으로서 번역한 뒤에라야 사람들이 모두 본받을 것입니까?' 했으니, 이 따위 말이 어찌 선비의 이치를 아는 말이겠느냐? 아무짝에도 쓸데 없는 용속한庸俗 평범하고 속되어 이렇다 할 특징이 없는 선비다"26/2/20라고 신랄하게 비판했다. 이로써 세종은 훈민정음 창제를 반대하던 신료들 중 약점을 보인 두 명을 선택하여 집중 공세를 취함으로써 더 이상의 논란 가능성에 쐐기를 박고 상황을 성공적으로 장악해나갔던 것으로 보인다.

곧이어 세종은 다시 하교下敎하기를, "내가 너희들을 부른 것은 처음부터 죄 주려 한 것이 아니고, 다만 소疏 안의 한두 가지 말을 물으려 했던 것인데, 너희들이 사리를 돌아보지 않고 말을 바꾸어 대답하니, 너희들의 죄는 벗기 어렵다"26/2/20 하고, 부제학 최만리, 직제학 신석조, 직전直殿 김문, 응교應敎 정창손, 부교리 하위지, 부수찬 송처검, 저작랑著作郞 조근을 의금부에 회부했다가 이튿날 석방하라 명했다. 그러나 세종이 보기에 선비로서 자질이 의심스러운 발언을 한 정창손만은 다시 문제 삼아 파직罷職시키고, 기회주의적으로 행동한 "김문이 전후의 말을 바꾸어 계달啓達한신하가 글로 임금에게 아뢴 사유를 국문鞫問하여 아뢰라"26/2/20고 의금부에 명령했다. 다음날 의금부에서 취조 받은 김문은 "대제상서사불이실對制上書詐不以實"의 죗값으로 곤장 100대에 처해졌다.24) 세종은 훈민정음 창제에 대해 가장 길게 그러나 나름대로 정연한 논리로 반대한 최만리는 하룻밤의 구류拘留만 살게 하고 풀어준 반면, 선비로서 자질과 행실이 의심스러운 발언을 한 정창손과 김문만을 본보기 희생양으로 삼아 중징계함으로써 사태를 결단력있게 수습하고 마감했다.

반포 이후 일상적 활용을 위한 노력들

세종은 재위28년(1446)에 훈민정음을 반포한 이후에도, 그것을 방치하지 않았다. 지금까지 다른 정책들을 입안·실행할 때도 그랬던 것처럼, 세종은 훈민정음 보급과 일상화를 위해서 필요한 연구 작업과 정책들을 계속 추진했다.

반포한 지 한 달쯤 지났을 때, 세종은 훈민정음 창제를 반대하던 "대간臺諫의 죄를 일일이 들어 언문으로 써서, 환관 김득상에게 명하여 의금부와 승정원에 보이게 했다"28/10/10. 그리고 하연, 김종서, 정분 등이 창제를 반대하던 대간들을 관대하게 처분해줄 것을 요청했을 때, 세종은 "수양대군에게 명하여 대간의 죄를 일일이 들어 책망한 언문서諺文書 몇 장을 가져와서 보이며," "신하가 임금께 간하는 것은 마땅히 정도正道로써 해야 될 것인데도, 지금 간사하고 속임이 이와 같으니, 임금이 어찌 즐거이 감동하여 따르겠는가. 이와 같은 간사한 소인들의 무리들은 내가 마침내 사대부로서 대접하지 않을 것"28/10/13이라며, 자신의 판단과 결정을 재차 확인했다. 세종은 훈민정음 창제에 반대하는 자들의 기소장을 당장 훈민정음으로 쓰게 하는 기지機智를 발휘하고, 또 그것을 주변에 의도적으로 보여 주

고 읽게 함으로써 훈민정음을 일상적으로 활용하게 하려는 자신의
확고한 의지를 공개적으로 적극 표명했다.

　반포한 지 두 달만인 재위28년(1446) 11월 8일, 세종은 언문청諺文
廳을 설치하여 훈민정음 보급을 담당케 했다. 그리고 약 석 달만인
12월 26일, 이과吏科와 이전吏典의 취재取才재주를 시험하여 사람을 뽑음때 처
음으로 훈민정음을 시험 보도록 하되, "의리義理는 몰라도 합자合字
하는 자를 뽑으라"28 12/26고 지시함으로써 훈민정음 보급의 시급성
을 강조했다. 다음 해인 재위29년(1447) 3월에는 〈용비어천가〉를 훈
민정음으로 주해註解했고, 같은 해 4월 20일에는 다음 식년式年부터
함길도咸吉道 자제로서 내시內侍 등과 같은 관리를 뽑는 시험에서 "먼
저 훈민정음을 시험하여 입격한 자에게만 다른 시험을 보게 할 것
이며, 각 관아의 관리시험에도 모두 훈민정음을 시험하도록 하라"
25) 고 지시했다. 같은 해인 재위29년 7월에는 수양대군이 돌아가신
어머니 소헌왕후의 명복을 빌기 위해 훈민정음으로 지은 〈석보상절
〉이 완성되었고, 재위31년(1449)에는 세종이 찬불가 〈월인천강지곡
〉을 손수 지었다. 세종29년(1447) 9월 29일에는 《동국정운》이 편찬
되었고, 10월 16일에 세종은 훈민정음으로 번역된 〈용비어천가〉
550권을 주변의 가까운 신하들에게 하사했다.

　또한 세종은 재위30년(1448) 3월, 집현전의 김구金鉤에게 사서四書
를 훈민정음으로 번역할 것을 명했고, 재위31년 12월 28일에는 신

숙주 등이 이미 교열했던 《운서》를 교정하기 위하여 신숙주와 성삼문이 중국에서 서울에 온 사신使臣을 만나 묻게 하기 위해 태평관을 왕래케 했다. 세종은 또 재위32년 윤1월에도 성삼문, 신숙주, 손수산에게 명하여 《운서》에 대해 중국 사신에게 묻게 했다. 이렇게 훈민정음을 반포하고 나서도 언어연구와 활용을 계속 독려하던 차, 세종은 마침내 재위32년 2월 17일, 세영응대군 집 동별궁에서 승하하셨다.26)

보살핌의 정치리더십, 그 현대적 함의

세종은 정치지도자로서 백성들이 서로 소통하며 즐겁게 사는 여민동락與民同樂을 정치적 이상으로 추구했다. 그리고 스스로 건강을 유지하고 국정을 부지런히 챙기는 가운데 훈민정음 창제를 지휘했다. 그리고 소수의 공동 작업자들과 긴밀하게 숙의熟議하면서 매우 조용히 그러나 경우에 따라서는 공개 논쟁을 마다하지 않거나 단호하게 정치적 희생양을 만들면서까지 매우 적극적으로 훈민정음 창제를 추진했다. 또한 세종은 훈민정음 반포 이후에도 그 효율적인 보급을 위해 승하하는 날까지 쉬지 않고 행정과 문예정책, 그리고 서적출판 차원에서 필요한 조치들을 계속해서 취했다.

이상과 같은 훈민정음 창제와 보급과정을 통해서 확인된 세종의 리더십 행동상의 특징은 다음과 같이 요약할 수 있다. 첫째, 목표 성취를 위한 단호한 결단과 분명한 상벌賞罰의 시행으로 과업을 적극 추진했다. 둘째, 풍부한 학식과 통찰력으로 신료들과 학문적·정책적 토론을 지속하며 그들에게 힘을 실어줌과 동시에 상황을 효율적으로 장악했다. 특히 세종은 자신의 목표 달성과 관련한 전략적 선택에 따라 토론 상대자의 주장을 적절하게 반박하면서도 외면하거나 아예 대꾸를 하지 않는 등 능숙한 토론 기술을 잘 활용했다. 셋째, 훈민정음 창제 반대자들이 내외에 많음을 알고 균형 감각과 신중함이 배인 언행으로 일관하여 마침내 뜻을 이루었다.

세종의 이 같은 '보살핌'의 정치리더십은 군주가 다스리는 왕조 시대의 소산이다. 그러나 오늘날 민주주의 정부가 "국민의of the people"란 주권재민의 원칙과 "국민에 의한by the people"이란 참여의 원칙과 함께 "국민을 위한for the people"이란 위민봉사의 원칙을 핵심가치 중 하나로 삼고 있다는 사실27)을 상기할 때, 그리고 오늘날 한국정치의 현실에서 대통령을 비롯한 정치인들과 관료들의 공복公僕public servants로서의 기본자세와 자질이 계속 요구되고 있음을 고려할 때,28) 세종의 보살핌의 정치리더십은 아직도 권위주의적 관행을 불식하지 못한 정치지도자들과 관료들의 구태의연한 복무 자세를 크게 자극한다. 앞으로 우리나라의 정치인들과 공무원들이 세종의 보살핌의 정치리더십을 본받아 그것을 실천궁행한다면, 머지않아 한국 민주주의는 보다 더 성숙하게 제도화되고 안정된 국가경영 시스템으로 자리잡게 될 것이다.

정윤재

한국학중앙연구원 사회과학부 교수다. 서울대학교 정치학과 및 동 대학원을 졸업하고 미국하와이대학교에서 정치학박사를 받았다. 한국정치학회 회장. 주요 저서로 《정치리더십과 한국민주주의》《다사리 공동체를 향하여: 민세 안재홍 평전》등과 《세종의 국가경영》《세종리더십의 형성과 전개》 등의 공저가 있다. 지난 5년 동안 세종의 정치리더십 연구에 집중하고 있으며, 민세 안재홍의 다사리 국가론에 대한 심층 연구를 지속하고 있다.

1) 정윤재, "세종의 '천민/대천이물'론과 '보살핌'의 정치," 한국동양정치사상사학회, 〈동양정치사상사〉, 제8권1호(2009년3월), 145-162쪽 참조

2) 이우성, "조선왕조의 훈민정책과 정음의 기능," 〈진단학보 42〉(1976)

3) 강만길, "한글창제의 역사적 의미," 《분단시대의 역사적 인식》 (창작과 비평사, 1978)

4) 허춘강, "성삼문의 훈민정음 창제와 문화정책," 〈한국행정사학지8〉(2000)

5) 한국학중앙연구원 세종국가경영연구소, 제5기 실록학교 교재, 《세종실록 다시 읽기》 (2007), 379-380쪽 참조. 이후 《세종실록 다시 읽기》로 인용함.

6) 유미림, '세종의 한글창제의 정치', 정윤재 외, 《세종의 국가경영》(지식산업사, 2006), 82-86쪽 참조

7) 《세종실록 다시 읽기》, 390쪽

8) 유미림, 앞의 글(2006), 115쪽

9) 정윤재, 앞의 글(2009), 147-150쪽 참조

10) "삼대三代 의 정치가 훌륭하였던 것은 다 인륜을 밝혔기 때문이다. 후세에서는 교화가 점점 쇠퇴하여져서, 백성들이 군신·부자·부부의 큰 인륜에 친숙하지 아니하고, 거의 다 타고난 천성에 어두워서 항상 각박한 데에 빠졌다"(三代之治, 皆所以明人倫也' 後世敎化陵夷, 百姓不親, 君臣'父子' 夫婦之大倫, 率皆昧於所性, 而常失於薄)(14/6/9).

11) 박종국, 《세종과 훈민정음》(세종기념사업회, 1966), 91쪽

12) 세종은 훈민정음 창제를 한참 마무리했을 무렵인 23년 음력 4월 28일에 도승지 조서강(趙瑞康) 등에게 말하기를 "내가 질병도 없는데 어찌 고기를 먹겠느냐?"라고 말한 것으로 보아 스스로 건강을 유지하며 국가경영에 임했던 것으로 판단할 수 있다.

13) 박종국, 앞의 책(1996), 93쪽

14) 이러한 사실은 집현전 부제학 최만리가 훈민정음 창제의 부당함을 지적하는 다음과 같은 상소를 통해 밝혀진 것이다. "또한 이번 청주 초수리에 거동하시는 데도 특히 연사가 흉녕인 것을 염려하시어 호종하는 모든 일을 힘써 간략하게 하셨으므로, 전일에 비교하오면 10

에 8,9는 줄어들었고, 계달하는 공무에 이르러도 또한 의정부에 맡기시어, 언문 같은 것은 국가의 급하고 부득이하게 기한에 미쳐야 할 일도 아니온데, 어찌 이것만은 행재에서 급급하게 하시어 성궁을 조섭하시는 때에 번거롭게 하시나이까. 신 등은 더욱 그 옳음을 알지 못하겠나이다"(26/02/20);《세종실록 다시 읽기》383쪽

15) 박현모, 《세종, 실록밖으로 행차하다》(푸른역사, 2007), 113쪽 참조

16) 박종국, 앞의 책(1996), 95~96쪽. 참조. 박종국은 세자와 대군들에게 관장케 했다는 점을 강조하여 이들만이 훈민정음 창제에 참여하고 집현전 학사들은 참여하지 않았던 것으로 풀이했다. 그러나 필자는 집현전 학사들이 이미 훈민정음 해독과 쓰기 능력이 있음을 알았기에 세종은 그들에게 《운회》 번역 임무를 맡긴 것으로 보는 것이 타당하다고 생각한다.

17) 박종국, 앞의 책(1996), 97쪽

18) 이 일이 있은 지 4일이 되던 날, 바로 최만리의 반대상소가 있었다(세종26/2/20).

19) 박종국, 앞의 책(1996), 97쪽

20)《세종실록 다시 읽기》, 383쪽 및 박종국, 앞의 책(1996), 99쪽 참조

21)《세종실록 다시 읽기》, 381~384쪽 참조

22) 이 부분은 "너희들이 이르기를, [훈민정음이] '음흡을 사용하고 글자를 합한 것이 모두 옛 글에 위반된다.' 하였는데, 설총의 이두도 역시 음이 다르지 않으냐"(26/2/20)란 세종의 말을 필자가 이해하고 풀이해서 쓴 것이다.

23)《세종실록 다시 읽기》, 384쪽

24)《세종실록 다시 읽기》, 385쪽

25)《세종실록 다시 읽기》, 389쪽

26) 박종국, 앞의 책(1996), 222~223쪽 참조

27) "It is rather for us to be here dedicated to the great task remaining before us———that this nation, uner God, shall have a new birth of freedom–that government of the people, by the people, for the people, shall not perish from the earth." Abraham Lincoln's Gettysburg Address(November 19, 1863).

28) 정윤재, 《정치리더십과 한국민주의》 (나남출판, 2003), 529~577쪽 참조.

김영욕 한국학중앙연구원 교수

조선시대 역사가 한국 사학사에서 중심적 위치를 차지해 온 큰 이유 중 하나는 조선 500여년에 걸친 기간을 중세에서 근대에 이르는 시기로 보는 관점 때문이다.[2] 세종[3]은 숭유배불로 대표되는 조선시대뿐 아니라, 한국역사에서 가장 뛰어난 왕이자, 현대한국 CEO들의 모델이 되고 있기도 하다. 세종이 남긴 수많은 업적 중에서도 훈민정음한글 창제가 가장 뛰어나다. 일반적으로 세종은 척불 군주로 알려졌다. 그러나 《세종실록》 등의 기록에 의하면, 세종은 재위 기간 동안 불교에 호의적이었으며, 이러한 태도는 한글 창제와 발전에 중요한 역할을 했다고 본다.[4]

이 글의 목적은 세종의 불교관과 그의 유교정치와의 관계를 검토하는 데 있다. 세종의 불교관은 《석보상절釋譜詳節》과 《월인천강지곡月印千江之曲》[5]처럼 그와 밀접한 관련을 가진 불전들을 통해 알 수 있다. 그러나 이 두 책은 기본적으로 석가모니의 전기[6]기 때문에 책에 담긴 내용 자체보다는 이 책들에 인용된 불전들이 더욱 중요하다.[7] 그리고 세종의 유교정치관은 《세종실록》[8]을 통해 가장 잘 알 수 있다. 특히 《세종실록》은 그의 정치관[9]과 불교관

세종의 '강한군주' 리더십

불교정책이 유교정치에 미친 영향[1)]

을 동시에 파악할 수 있는 중요한 자료다. 이 연구에서는 《세종실록》에 나타난 연대별 관련 기록들을 상세하게 검토할 것이며, 특히 1443년부터 1450년까지에 초점이 두어질 것이다. 1443년은 세종이 한글을 창제한 해28/9/29[10)]며, 그 이후 한문 불전들도 한글로 번역되기 시작했다. 그리고 이때 세종은 이미 불교신자였으며,[11)] 죽을 때1450년까지도 그러했다.

이 글의 특징 중 하나는 세종의 불교 이해 자체에 대한 검토를 구체적으로 시도한 점이다. 일반적으로 불교를 이해한다는 것은 불교의 특징적인 사상을 아는 것을 의미한다.[12)] 따라서 세종과 같은 특정인의 불교 이해 여부도 불교의 기본 가르침을 어떻게 이해했는지의 여부가 그 관건이 될 것이다. 석가모니의 실제 가르침이 무엇이었는지를 학자들이 다양하게 토론해 왔으나, 사성제四聖諦가 모든 불교교리 가운데 가장 중요하다는 데 대해서는 공감대가 형성되어 있다. 따라서 세종의 불교 이해도 이러한 불교교리에 대한 이해 여부에 의해 평가될 필요가 있다.

한글책의 대부분은 불교 서적이었다

세종이 한글을 창제한 후, 이 언어로 번역된 책의 대부분은 불교 관련 서적들이었다.[13) 세종은 그의 비 소헌왕후가 1446년에 세상을 떠나자 고인의 명복을 빌기 위하여 수양대군에게 석가모니의 일생을 상세하게 기록한 《석보상절》을 1447년에 짓게 하였다. 그는 《석보상절》을 보고 석가의 공덕功德을 찬송한 노래인 《월인천강지곡》도 직접 지었다.[14)

《석보상절》은 한글 창제 후 지어진 최초의 산문 작품인 동시에 한국 최초의 한글 번역 불전이다. 이는 조선 초기의 불교를 조직화해 놓은 것이기 때문에 당시의 불교학 수준을 말해 주는 것이기도 하였다. 《석보상절》은 현재 일부만 남아 있는데, 상권의 제1권은 석가모니의 전생 가계, 수미산, 전륜성왕 등으로 구성되어 있다. 제 2권의 주요 내용은 석가모니의 가계와 탄생, 불교의 중국 전래, 팔십종호, 십지, 중국 불교의 시작, 도가와의 대결과 불교의 승리 등이다. 제7권은 출가하여 석가모니의 제자가 된 사람들과 그들을 위한 설법이 주요 내용이며, 제9권은 석가모니의 아버지 정반왕의 죽음과 여성 출가 허용 등으로 구성되어 있다. 《석보상절》의 하권 중 제3권은 석가모니의 탄생, 교육, 결혼, 출가, 수행, 정각 등을, 제6권은 전법, 석가모니의 아들과 일가의 출가, 교단 형성, 제23권은 사리, 삼보, 사성제, 삼계, 정·상·말법, 24권은 경전 결집, 중국 6조사, 아육왕 등으로 구성되어 있다. 그리고 《석보상절》에 등장하는 불전들은 《대운륜청우경大雲輪請雨經》, 《반야경般若經》, 《방등경方等經》, 《수행본기경修行本起經》, 《승만경勝鬘經》, 《십일면관자재경十一面觀自在經》, 《아함경阿含經》, 《입능가산경入楞伽山經》, 《화엄경華嚴經》,15) 《대방편불보은경大方便佛報恩經》, 《묘법연화경妙法蓮華經》(법화경), 《약사유리광여래본원공덕경藥師琉璃光如來本願功德經》(약사경), 《지장보살본원경地藏菩薩本願經》, 《석가씨보釋迦氏譜》 등16)이었다.

세종30년(1448)에 편찬된 것으로 추정되는 《월인천강지곡》은 세종이 지은 찬불가의 제목인 동시에 서명이기도 한데, 세종이 《석보상절》을 읽은 후, 친히 한글로 지은 것17)이었다. 이 책은 훈민정음 제정 후 그 문자로 간행된 두 번째 문헌이며, 부처의 가르침의 공덕을 찬송한 노래다. 상·중·하 3권으로 구성되어 있었으나, 현존하는 것은 상권이다.[18] 《월인천강지곡》의 내용은 삼계, 삼보, 삼독, 사과위, 사선천, 정각, 돈교, 점교, 사성제, 《승만경》, 《십지경十地經》, 《화엄경》 등으로 구성되어 있다.

세종은 〈묘인연지곡妙因緣之曲〉, 〈의정혜지곡依定慧之曲〉, 〈귀삼보歸三寶〉, 〈찬법신讚法身〉, 〈찬약사讚藥師〉, 〈찬미타讚彌陀〉, 〈찬삼승讚三乘〉, 〈찬팔부讚八部〉 등의 찬불가들도 친히 지었으며,[19] 《증도가남명게송언해證道歌南明偈頌諺解》도 펴냈다.[20] 또한 《세종실록》32/1/4에 의하면, 세종은 《불정심다라니경佛頂心多羅泥經》을 1450년에 한글로 번역하였으며, 승려들로 하여금 그것을 외우게도 하였다. 세종은 신하들로 하여금 《석가보釋迦譜》28/12/2, 《월인석보月印釋譜》 등의 불전을 편찬하게 했으며, 승려인 신미信眉와 그의 동생인 친불교 유학자 김수온으로 하여금 《삼불예참문三佛禮讚文》을 짓게도 하였다. 또한 세종은 후에 문종과 세조가 된 그의 왕자들로 하여금 《금강경오가해金剛經五家解》도 한글로 번역케 하였다.[21]

세종의 불교관 형성에 영향을 준 사람들

세종의 불교관 형성에 영향을 미친 사람들이 있었다. 그리고 세종은 통설과는 달리 재위 초기부터 호불적 태도를 견지하고 있었다.[22] 그러나 세종의 불교관은 이중적이었다. 그는 한편으로는 유교 지배 사회에서 스스로를 유교 정치를 표방한 군주로 칭하면서, 불교를 이단으로 간주한 반면, 다른 한편으로는 불교에 호의적이었다. 또한 재위 초기의 세종은 불교를 청순한 삶, 전통적 관습의 관점에서 이해하였으며, 이 시기의 세종은 그의 신불의 이론적 배경이 된 인과설因果說을 부정하고 있었다. 그러나 재위 후기에 세종의 불교관은 변화한 것으로 보인다. 한글 창제 즈음 그는 인과설도 받아들였기 때문이다. 따라서 세종의 불교관을 정확하게 이해하는 게 쉽지 않다는 한계는 있으나, 그와 관련된 문헌들을 통해 그의 불교관을 살펴본다.

세종의 불교관 형성에 영향을 미친 사람들은 왕실 가족, 승려와 호불 유학자들이었다.

세종대에 나타난 특이한 현상 중의 하나는 왕실 가족들 사이에 불교 신앙이 되살아났다는 사실이다. 세종의 형인 효령대군은 승려가 되었으며, 세종의 아들들인 수양대군과 안평대군은 독실한 불교 신자였다. 1448년의 기록에 의하면, 수양대군과 양평대군은 아버지인 세종의 불교 신앙 형성에 기여한 데 대해 유학자들로부터 비판을 받았다[30/8/5].

수양대군을 포함한 왕족들은 높은 수준의 불교지식을 가진 것으로 나타난다. 수양대군은 "석씨의 도가 공자의 도보다 나은 것은 단지 하늘과 땅 정도의 차이가 아니다. 옛 유학자들이 "[불교에서는] 비록 몸을 꺾고, 태우고, 찧고, 갈려고 하더라도 남에게 도움이 되는 일이 없다'고 하였으나, 이는 그 이치를 알지 못하고 망령되게 말한 것이다"[23]라고 하여, 불교를 유교보다 훨씬 뛰어난 것으로 간주하였다. 또한 "유[수양대군]는…불교를 깊이 믿었는데, 일찍이 말하기를, [불교는] 공자의 도보다 나으며, 정자와 주자가 그르다고 한 것은 부처를 깊이 알지 못했기 때문이었다'"[24]라고도 하였다. 이러한 기록들에 의하면, 수양대군은 정자와 주자를 포함한 유학자들의 불교 이해는 틀렸으며, 그들의 불교 지식은 얕다고 파악[25]하였음을 알 수 있다.

세종은 당대의 대표적 승려인 기화己和(1376~1433)에게 설법을 청하는 등 그와도 관련을 맺고 있었다.[26] 따라서 세종과 기화 사이의 불교사상적 연관성을 상정할 수 있다.[27] 그러나 《세종실록》에는 세종과 기화 사이의 관계를 기록한 것은 없다.

만우萬雨, 신미 등은 《세종실록》에 상대적으로 많이 나타나는 승려들이다. 그러나 만우가 세종의 불교관 형성에 어떤 영향을 미쳤는지는 분명하지 않다. 반면 신미의 역할은 중요하였다. 즉 세종은 1446년에 신미를 처음 만났는데(1/4/5), 1448년에는 그를 총애하고 (30/9/8), 1450년에는 그를 존경하였다(1/4/6). 그리고 신미는 세종이 한글을 창제할 때 주역을 담당하였다는 견해도 있다.[28]

호불 유학자 중 김수온은 세종대 왕실의 불교 신앙 형성에 가장 중요한 역할을 한 것으로 나타난다. 1449년의 기록29)처럼, 김수온은 그의 형 신미와 함께 세종의 불교관 형성에 큰 역할을 하였다. 김수온의 역할이 특히 중요했던 이유는 다양하다. 김수온은 그의 형 신미보다 더 일찍 세종과 관계를 맺었으며, 세종이 불사에 관심을 두게 하는 데도 기여하였을 뿐 아니라, 《석보상절》 출판의 초기 단계에는 실무 책임도 지고 있었다.30) 당시 불교 신자들이 갖고 있는 불교에 대한 지식은 석가모니의 전기에 그칠 정도였으나, 김수온의 불교 이해는 다른 이들보다 높았다.31) 그리고 김수온은 1448년의 기록32)처럼, 왕자들의 불교신앙 전개에도 중요한 역할을 하였다.

왕실 가족, 승려, 호불 유학자의 영향 아래 형성된 세종의 불교관은 그와 관련을 가진 불전과 《세종실록》을 통해 좀 더 구체적으로 살펴볼 수 있다.

인과설을 바탕으로 공덕 쌓기

세종과 밀접한 관련을 가진 불전과 《세종실록》에 나타난 세종의 불교관은 효, 인과, 죽은 이의 명복 빌기, 치병, 정토왕생, 악업 제거, 기우 등 공덕과 관련된 내용이 중심을 이루고 있다.

《석보상절》과 《월인천강지곡》에 인용된 불전들을 통해 세종은 석가모니의 일생과 사성제 등의 일부 불교 기초 교리, 대승불전 사상, 효를 포함한 중국불교의 전개 등에 대한 일정한 지식을 가지고 있었다고 추정할 수 있다. 그러나 세종이 초기 불교를 정확하게 이해했는지는 또 다른 문제다. 《석보상절》과 《월인천강지곡》에 인용된 불전 가운데 《반야경》, 《승만경》, 《화엄경》, 《묘법연화경》 등은 대승불교 전통에서 중시되어 온 불경들이며, 각각 공空, 여래장如來藏, 존재의 관계성, 제법실상諸法實相 등을 강조하고 있다. 그러나 세종이 각 불전의 교학적 가르침에 관심을 두었다는 문헌적 증거는 발견되지 않는다.

《석보상절》의 성격은 이론적이라기보다는 종교적이며, 그 내용도 비합리적인 요소들로 주로 구성[33]되어 있다. 《월인천강지곡》의 내용은 《석보상절》의 그것과 비슷하지만, 《월인천강지곡》이 신이성, 재미와 효를 더욱 강조하고 있는 것은 《석보상절》과 다르다.[34] 특히 '팔상도八相圖'는 《월인천강지곡》의 내용을 구성하고 있으며, '전법傳法' 부분이 가장 많은 부분을 차지하고 있다. 이 '전법' 부분은 석가모니와 그의 제자들의 가르침과 법문, 출가와 석가모니의 전생 등으로 이루어져 있으며, 그 가르침은 불보살의 기적 행위를 통해 이루어지고 있다.[35]

어떠한 종류의 불전이든 특정 불전이 채택될 때는 그만한 이유가 있기 마련이다. 그것은 당시의 신앙 형태나 사상적·사회적 배경을 반영하고 있기[36] 때문이다. 또한 일반적으로 재판이 많이 된 책일 수록 그 책의 중요성은 그만큼 크다고 본다.[37] 이런 관점에서, 한국 불교사에서 《법화경》이 차지하는 위치는 아주 중요하다. 중국 송나라의 계환戒環이 지은 《묘법연화경요해妙法蓮華經了解》(1119~25)는 13세기 중기에 한국에 소개된 후, 한국에서 유행한 《법화경》의 모본이 되었다. 그러나 계환의 책은 중국에서는 주요 불전도 아니었으며, 유행한 불전도 아니었다. 한국에서는 사정이 달라, 이 책은 14세기 초기 고려에서부터 조선말까지 유행하였다. 유독 한국에서만 이 책이 유행한 이유는 그 책이 가진 통불교적 사상, 공덕 강조, 단순한 내용, 휴대의 용이성[38] 때문으로 간주되고 있다. 《법화경》은 조선시대의 죽은 이의 명복 빌기를 위한 필수 불경이었는데,[39] 이 경은 세종대에도 유행하였다. 그 이유는 공덕을 강조했기 때문이며, 이러한 시각에서 이 경은 《석보상절》에 포함되었다.[40]

《법화경》은 《월인천강지곡》에서도 중요한 위치를 차지하고 있다. 《법화경》의 핵심사상은 제법실상, 즉 모든 존재의 참모습을 강조한 데 있다. 그러나 《월인천강지곡》에 인용된 부분은 그것이 아니라, 신비적 요소와 관련된 것[41]이었다.

《지장보살본원경》[42]과 《대방편불보은경》 등은 위경僞經이다.[43] 그리고 《석가보》와 《석가씨보》는 석가모니의 일대기들로서 중국에서 찬술된 문헌들이다. 특히 조선조 최고의 사회윤리였던 효는 《석보상절》[44]과 그의 친찬인 《월인천강지곡》에서도 강조된 개념이었다. 한국의 위경인 《목련경目連經》과 중국의 위경인 《대방편불보은경)은 《석보상절》과 《월인천강지곡》에 포함되어 있는데, 그 내용도 효를 강조한 것이다. 특히 《대방편불보은경》은 《석가보》와 《법화경》 다음으로 인용된 분량이 많다. 《월인천강지곡》에는 《아미타경阿彌陀經》, 《관무량수경觀無量壽經》과 한국의 위서인 《안락국태자전安樂國太子傳》도 포함되어 있는데, 이 불서들은 모두 정토왕생을 강조하고 있다. 그리고 업장 참회와 제거를 강조하고 있는 위서인 《지장보살본원경》은 《월인천강지곡》과 직접적인 관련을 맺고 있고 그 축약 번역본은 《석보상절》에 포함되어 있다. 그리고 《대운륜청우경》은 전통적으로 기우 의례의 기본서였는데, 이 책은 《월인천강지곡》과 직접적 관련을 가지고 있으며, 그 축약 번역본은 《월인석보》에 수록45)되었다.

세종과 관련된 불전은 상당수가 죽은 이의 명복 빌기의 산물이다. 《석보상절》과 《월인천강지곡》은 소헌왕후의 추도를 위한 불사에서 음성 공양을 위해 편찬된 책들이었다. 특히 《법화경》은 세종대에도 유행하였는데, 《석보상절》에는 《법화경》 전권이 인용되어 있으며, 그 분량은 《석보상절》 전체의 약 1/3에 달한다. 《증도가남명계송언해》와 《월인석보》도 각각 소헌왕후와 왕실 가족의 추선을 위해 출판된 책이었다.

〈묘인연지곡〉을 비롯하여 세종이 지은 찬불가들의 내용은 주로 선행, 인과, 참선, 지혜, 불·보살 찬양 등으로 이루어져 있다. 《증도가남명계송언해》는 세종이 중국 당나라 현각玄覺(647~712)의 《증도가證道歌)에 송나라의 남명천南明泉이 노래를 붙인 것의 일부를 번역한 것이다. 그 핵심은 불성佛性의 깨달음을 강조한 데 있다. 《불정심다라니경》은 치병과 재난으로부터의 구제가 주요 내용을 이루고 있으며, 《금강경오가해》는 존재의 본질이 공함을 강조한 책이다. 따라서 세종은 불성, 공空 등의 중요 불교 개념에 대한 지식도 가졌을 것으로 보인다. 그러나 그와 관련된 중요 불전들이 죽은 이의 명복 빌기 등 공덕 짓기의 산물이었음을 고려하면, 세종이 불교 교학에 관심을 가졌다고 보기는 어렵다.

《약사경》에서 약과 약사는 각각 석가모니의 가르침과 석가모니를 지칭하며, 이 경의 핵심은 깨달음을 강조한 데 있다. 그러나 이 경은 한국에서 7세기 초반 이래 치병 목적으로 사용46)되었으며, 이 《약사경》의 완본은 한글로 번역되어 《월인천강지곡》에 포함47)되었다.

세종은 그의 재위 후반기 초인 1435년에는 인과설을 믿고 있었으며, 1449년 2월의 기록48)과 7월의 기록49) 또한 이를 뒷받침하고 있다. 그리고 "[내]가 이미 불교를 좋아하는 국왕인데"28/10/4란 기록처럼, 당시의 세종은 이미 독실한 불교 신자였다. 따라서 1440년대에는 인과설을 바탕으로 한 세종의 신불 정도는 더욱 깊어졌다고 할 수 있다.

세종과 관련된 불전들에 의하면, 세종의 불교관은 공덕 중심으로 나타난다. 그 한 가지 이유는 세종 치세 후기의 가족사 때문으로 생각된다. 세종은 왕후와 아들들이 죽자, 정신적 안정을 위해 수양 대군과 안평대군의 도움으로 궁전 옆에 사찰을 세웠다. 세종은 또한 불사에 관한 한 단호한 태도를 보였다. 이 사실은 1448년부터 1450년까지의 기록들을 통해 알 수 있다. 1448년의 기록30/7/19에 의하면, 정인지는 세종이 불사에 관한 한, 여론을 받아들이지 않고 독단적으로 행하였다고 하였는데, 세종은 영의정 황희의 간언도 용납하지 않았다.

세종의 불교관의 핵심은 공덕 짓기에 있었으며, 그것은 인과설을 바탕으로 전개되었다. 출가생활을 고수하려던 중국의 승려들은 효孝 사상이 강조되던 사회에서 공격을 받게 되자, 업설業說을 중국의 전통적 효사상과 결합시켰다.50) 이 전통은 한국에도 전해졌으며, 4세기 중반 한국에 불교가 소개된 이래, 그 이후 전개된 불사의 사상적 배경이 되었다. 세종의 업설 이해 또한 여기서 벗어나지 않았다.

그러나 석가모니에 의하면, 업은 행위 자체로만 결정되지 않으며, 행위자의 상태, 행위 환경과 같은 다른 요소들도 관계한다. 그리고 그는 후천적 노력에 의해 그 업의 영향력이 변화될 수 있음을 인정함으로써 자유 의지와 자기 수양의 중요성을 강조하였다. 이런 점들은 인도 철학사와 인도 종교사에서 불교가 기여한 가장 중요한 공헌 중의 한 부분이며, 불교의 업설이 윤리적 가치를 인정받을 수 있는 이유51)기도 하다. 같은 맥락에서, 7세기의 중국 선승들도 극

락왕생의 교설이 어리석은 사람들을 위한 방편에 불과하다고 하면서, 그 가치를 정면으로 부정하였다.[52] 따라서 세종이 불교를 이해하는 수준이 높았다[53]는 주장은 현존 문헌적 증거에 의하는 한 재검토를 요한다.

불교정책은 정치적 행위였다

조선조는 유교를 개국의 국시로 하였으나, 사상적으로 세종시대는 유교화로 전환하는 과도기적 시기로서 국가경영의 철학과 방식에서도 다양한 특징들이 나타났다.[54] 특히 세종은 정치 행정면에서 조선적 유교화의 틀을 정립한 군주였다.[55] 그러나 세종이 구상한 유교국가의 모습은 성리학이 조선의 정치사회를 주도하였던 시기의 유교국가와는 일정한 차별성을 보였고, 그것은 인사와 제도 등에서 다양하게 나타났다.[56] 특히 세종이 펼친 불사의 성격과 불사와 관련된 세종의 정치적 대응을 검토하여 세종의 불교관이 당시의 유교 사회에 미친 정치적 영향을 좀 더 구체적으로 파악할 수 있다.

세종은 자신이 살던 유교 사회에서 스스로가 유교 군주임을 자임하였으나, 공덕 중심인 세종의 불교관은 그가 살던 유교사회의 정치와 밀접한 관계를 가지고 있었다. 《세종실록》을 통해 사관들은 세종의 불사 활동을 유교적 입장에서 축소시켰다[32/2/22]. 그리고 세종은 공식적으로는 유교를 좋아했으나, 사적으로는 불교에 관심이 있었다[57]는 주장도 있다. 그러나 세종의 불사를 사적 생활이란 관점에서만 이해할 수는 없다. 세종을 포함한[58] 조선 초기의 국왕과 왕족들의 호불은 정치의 한 부분[59]이기도 했기 때문이다.

세종은 민생 해결과 소통을 통한 교화에 최선을 다하면서 국가를 경영하였으며,[60] 불전들도 일반인이 쉽게 이해할 수 있도록 한글로 출판 또는 번역케 하였다. 이는 한글 창제 취지와도 잘 부합한다.[61] 그리고 세종은 자신의 불사가 유신들의 반대로 벽에 부딪혔을 때는 정치적 대응을 통해 풀어 나갔다. 효제를 중시한 유교국가인 조선왕조는 양로정책을 적극 펴 나갔는데, 이 정책은 세종 이후 구체적으로 추진되었다. 이는 세종의 유교정치 이념과 관계를 가졌던 것[62]으로 간주되고 있다. 따라서 공덕 짓기와 효를 강조한 세종의 불교 신앙은 공공성을 띠고 있었을 뿐 아니라, 효로 대표되는 유교 사회의 정치에도 일정한 영향을 미친 것으로 생각된다. 특히 세종의 불사가 지닌 공공성은 세종과 왕자들의 역할, 불사에 참가한 유학자 관리들과 그들의 직급과 참가 계기, 정부기관의 승직 임용, 경비의 출처 등에서 분명하게 나타난다.

국왕은 조선을 포함한 전통 한국에서 최고 통수권자였으며, 일국의 풍습 또한 그에게 달려 있었다. 그러므로 공인인 세종의 불교 신앙을 그의 사적 활동으로만 볼 수 없는 것은 당연하다. 세종이 왕비를 위해 베푼 재齋는 국가의 몫이라고 주장하면서 재에 참가한 승려들을 쫓아낸 승정원의 처사를 힐책한 1446년의 기록28/04/15은 그 증거다. 또한 1449년 세종은 관리에게 명하여 흥천사興天寺에서 기우를 하게 하면서, 스스로도 이러한 불사를 개인적인 일이 아님을 강조31/6/5하였다. 세종은 기우재를 포함한 불사의 근거를 제사 규정만 가지고는 논할 수 없는 것31/6/14이라 하여, 일반 유교 규정과도 별도로 간주하였다.

수양대군, 광평대군, 평원대군을 비롯한 세종의 왕자들은 외교15/12/12와 군사26/10/11를 비롯, 다양한 방식으로 정치에 참여하고 있었다. 진양대군 이유는 1445년 수양대군으로 이름을 고쳤는데27/02/11, 그는 이후의 세조가 되었다. 대군 시절 그는 사신 접대 등을 통해 이미 정치적 활동을 하고 있었다. 그와 불교와의 밀접한 관계는 1449년의 기록31/7/1을 비롯한 《조선왕조실록》에 많이 나타난다. 그리고 1445년의 기록에 의하면, 광평대군도 평원대군과 함께 청계사淸溪寺에서 불경을 외웠다27/04/26. 따라서 세종의 호불 왕자들은 정치에 참여하고 있었음을 알 수 있다.

세종과 신하 간의 불교를 둘러싼 논쟁

1438년부터 세종이 죽은 1450년까지는 세종과 그의 신하들 사이에 불교를 둘러싼 논쟁으로 점철된 시기였다.63) 세종이 자신의 건강

문제와 왕후와 왕자들의 연이은 죽음으로 인한 슬픔을 달래기 위해 궁전 옆에 불당을 지으려 하자, 유신들의 반대가 거셌다. 일례로, 1448년 7월 18일부터 8월 4일까지의 기록에 의하면, 영의정, 좌의정, 대간 등의 고위 관리들뿐 아니라, 생원들까지도 불당 설치 불가론을 주장하며 격렬하게 항의하였다. 그러나 1448년 8월 5일에는 수양대군과 안평대군이 궁궐 옆에 불당을 설치하였다[30/8/5]. 그 이후에는 적극적으로 불사에 참가하는 유신들도 늘어났으며, 여기에는 좌·우의정을 포함한 고위 관리들도 포함되어 있었다. 이 시기의 불사 참가자와 그들의 직급을 《세종실록》에 기록된 연대순으로 살펴보면 다음과 같다.

왕족과 관리들인 민건, 정분, 이이손, 조극관, 김종서, 하연, 황보인, 민신, 박연, 이사철, 이정녕, 하순경, 김수온, 안평대군, 정효강, 이계전, 강희안, 김흔지, 성임금, 허후 등이 참가했다.

특히 1449년의 기록에 의하면, 정분, 민신, 허후, 조극관, 이인손은 세종이 진관사津寬寺의 수륙사水陸社 수리 명령을 따랐을 뿐 아니라, 더욱 적극적인 의견 개진까지 하고 있었다[31/4/21]. 민건, 하순경, 김수온과 정효강은 적극적으로 세종의 불사를 도운 이들이었다. 민건은 당시의 수륙재는 부처를 위한 공양이기도 하지만 조종을 위한 일이기도 하니, 공경해야 한다고 주장하였다. 하순경은 대감으로서는 처음으로 부처에게 예를 표하였으며, 이후로는 승려에 의한 기우재 때 감찰이 부처에게 절하는 것을 항식으로 삼았다[31/6/20]. 그리고 김수온과 정효강은 독실한 불교신자로서 모든 불사는 그들이 담당[31/11/1]할 정도였다.

참가자들의 직급[64]은 대군[정1품], 우의정[정1품], 좌의정[정1품], 숭덕대부[종1품], 우찬성[종1품], 좌참찬[정2품], 판서[정2품], 선공 제조[2품 이상], 부윤[종2품], 참판[종2품], 도승지[정3품], 우부승지[정3품], 좌부승지[정3품], 참의[정3품], 부지돈녕부사[정4품], 소윤[정4품], 병조정랑[정5품], 감찰[정6품], 성균 주부[종6품][65]등이었다. 따라서 세종의 불사에 참가한 관리들의 직급은 정1품에서 종6품까지로 나타나며, 특히 정3품 이상의 당상관이 상당수를 차지하였다.

세종의 불사에 참가한 관리들의 소속직급은 종친부군, 의정부[좌·우의정, 찬성, 참찬], 돈녕부[부사, 부지돈녕], 육조[판서, 참판, 참의, 정랑], 사헌부감찰, 승정원[도승지, 좌·우부승지], 성균관주부, 한성부소윤 등으로, 당시 조선정부의 중요 부서들이 세종의 불사에 참가하였음을 알 수 있다.

따라서 왕실가족뿐 아니라 불사에 참가한 관리, 그들의 직급과 소속부서 등으로 판단할 때, 세종의 불사가 사적 영역에 머물렀다고는 할 수 없다.

1446년부터 1450년까지의 기록에 의하면, 관리들이 불사에 참가하게 된 계기는 세종이 명령을 내린 경우와 관리들이 자발적으로 참가한 경우로 구분되며, 참가 불사의 내용은 죽은 이의 명복 빌기, 불당 짓기, 기우, 치병 기도, 치병 후 감사 등이었다.

세종은 죽은 소헌왕후를 위해 이영서, 강희안 등에게는 불경을 금자金字로 쓰게 하고, 정효강에게 그것을 주관하게 하였다28/3/28. 또한 세종은 불당을 짓기 위해 정분의 감독 아래 수군 수천 명을 동원시켰으며30/8/4, 이정녕31/6/5과 이사철31/7/1은 세종의 명으로 각각 흥천사에서 기우하였다.

특히 병과 관련된 불사가 많았는데, 세종 스스로와 세자의 치병을 위한 행사들이 많았다. 세종은 자신이 아플 때 관리들에게 불당과 사찰에서 공작재와 관음정근을 열게 하고, 여러 신하를 나누어 보내 불우 등에도 기도를 드리게 하였다32/1/22. 세종은 세자의 병 치료를 위해서도 관리들에게 명하여 약사재를, 안평대군 이용에게는 수륙재를 행하게 하고, 정효강이 따르게 하였으며31/11/01, 세자가 아플 때는 치병을 목적으로 여러 신하들을 절집으로 보내 기도하게 하였다31/12/35. 세종은 관리들에게 불전의 경문과 발문 등도 쓰게 하였으며, 궁궐 내에서는 채식을 하게 하였다32/1/4.

세종은 자신과 세자의 치병 감사 의례를 열기 위해서도 관리들을 파견하였다. 그는 자신의 병이 낫자 시어소에서 보공재를 직접 베풀었으며32/#66)1/2, 관리들을 보내 그 의례를 베풀게도 하였다32/#1/5. 세자의 병이 나았을 때도 보공재를 불당과 흥천사에서 베풀게 하였으며31/11/25, 조정신하를 보내 불우 등에 은혜를 갚는 제사도 지내게 하였다32/2/9.

선종과 교종의 사찰 주지를 정부 기관이 임명29/6/19하였다는 점

역시 당시의 불교가 공적인 요소를 띠고 있었음을 의미한다.

세종의 불사 경비는 왕실 재원에서 나왔으며, 이는 고려의 전통을 이은 것[67]으로 보인다. 그러나 이 왕실 재원도 신하들의 시각에는 국민의 혈세였다. 1149년의 기록[31/5/20]은 이를 잘 보여준다.

요약하면, 세종에 의한 불사는 세종 자신이 공인이었던 점, 호불 왕자들이 정치에 참가하고 있었던 점, 주요 정부부서의 고급 관리들이 불사에 참가하고 있었던 점, 승직 임명이 정부 소관이었던 점, 왕실 불사 재원도 국민의 혈세였던 점으로 보아 세종의 개인사가 아니라 공공성을 띠고 있었음을 말해 주고 있다.

강력한 왕권으로 불사를 추진하다

불교 신앙인으로서 세종은 현실정치 차원에서 불교의 가치를 인정하였다.[68] 이러한 입장에서 세종의 불사는 공공성을 띠고 있었으나, 유신들의 저항 또한 거세었다. 그러나 세종은 강력한 왕권[69]을 바탕으로 불사를 진행하였다. 세종은 1418년 즉위 후, 재위 초반기에는 아버지 태종의 영향권 아래 있었으나, 1425년 이후에는 강력한 왕권을 행사하였다. 이를 바탕으로 그는 권신의 제재도 받지 않고, 법전의 규정에도 얽매이지 않았으며, 불사 개최 경비도 자유롭게 쓸 수 있었다. 따라서 세종은 그의 숭불 행위와 관련해서도 강력한 왕권을 행사할 수 있었다.70) 특히 대간臺諫은 자신들보다 관직이 높은 고관들도 탄핵할 수 있었기 때문에, 대간의 활동은 당시의 권력구조를 설명할 수 있는 한 기준이 된다.71) 조선 건국 이후 대간의 활동이 본격화된 것은 세종대부터였는데, 불교에 관한 한 세종은 대간의 간언도 받아들이지 않았다.72) 이러한 바탕 위에서 세종은 자신의 불사를 반대하는 유신들에게 권력 이양 시도, 거처 옮기기, 관리 파면 등의 방법으로 대응하였다.

세종은 아버지 태종이 그에게 하였듯이, 재위 기간을 통하여 여러 차례 국사를 세자에게 맡기려 하였다. 1445년부터 1449년 사이에는 세자에게 왕권을 넘기려는 시도를 수차례 하기도 하였다. 선위 시도의 표면적인 이유는 칭병과 개인사였으나, 실제로는 자신의 불사를 반대하는 유신들에게 저항하기 위해서였다. 그러나 세종의 선위 시도는 신하들의 반대로 무산27/1/18되었다.

세종은 세자에게 국정을 맡기기도 하였다. 그러나 1444년부터 1449년까지 기록26/2/20에 의하면, 세종은 국정의 서무를 맡긴 후에도 중대사는 자신이 직접 결재하였다. 더욱이 세자가 상중에 있거나28/5/8, 병에 걸렸을 때31/11/14는 다른 서무도 직접 결재하였다.

따라서 세종은 죽기 전까지도 인사, 경제, 제사, 의례, 외교, 군사, 형사, 건설, 법제 등을 포함한 공적인 대소사에 관여하고 있었음을 알 수 있으며, 세종의 불사 행위도 이러한 맥락에서 이해할 필요가 있다.

세종은 불당 짓기30/8/4와 불교의례 개최31/7/1를 반대한 신하들에게 항의의 표시로서, 또는 그의 정무 수행과 관련, 신하들이 다른 견해를 개진했을 때31/9/24, 또는 건강 문제31/1/22 등으로 인해 수차례 거처를 옮겼다. 그가 거처를 옮긴 장소는 임영대군의 집30/8/4, 금성대군의 집31/9/24, 효령대군의 집32/1/22 등으로서 아들이나 형의 집이었다.

세종은 죽은 왕후를 추모하기 위한 의례에 참석하지 않은 관리들을 파면시키기까지 하였다. 1446년의 기록28/7/7은 이를 잘 보여준다.

따라서 선위 시도, 이어와 파면 등을 통해 세종은 자신의 불사 행위에 반대하는 유신들을 그가 죽을 때까지도 적절하게 통제할 수 있었던 것으로 보인다.

결론적으로, 세종은 그가 살던 유교 사회에서 스스로 유교 군주임을 자임하고, 조선적 유교화의 틀을 정립한 군주였으나, 세종조의 유교정치는 조선 후기의 도학정치와는 상당한 차이를 보인다. 특히 공덕 중심인 세종의 불교관은 당시 유교사회의 정치와 밀접한 관계를 가지고 전개되었다. 이러한 세종의 불교관은 유교사회의 신하들로부터 많은 저항을 받았으나, 그는 강력한 왕권을 바탕으로 그들을 통제함으로써 자신의 불사를 추진해 나간 것으로 생각한다.

김종명

한국학중앙연구원 국제한국학부 부교수다. UCLA 철학박사로, 해외한국학과 특히 한국불교학을 철학적 · 역사적 관점에서 연구하고 있다. 지은 책으로는 《한국의 세계불교유산: 사상과 의의》, 《한국중세의 불교의례: 사상적 배경과 역사적 의미》가 있다.

1) 이 글은 "세종의 불교관과 유교정치"란 제목으로 《불교학연구》 제25호(2010. 4): 239-282 에 게재된 논문의 수정본이다.

2) 김자현, '조선시대 문화사를 어떻게 쓸 것인가? -자료와 접근방법에 대하여-', 한국사 국 제학술회의, 《한국사 연구방법론과 방향 모색》(서울: 서울교육문화회관, 2002), p. 122

3) 세종에 대한 연구업적들에 대해서는 Kim 2007: 1-26 참조. 조선 정부의 불교 탄압과 이에 대한 불교계의 대응에 대해서는 Buswell, Robert E. Jr., "Buddhism Under Confucian Domination: The Synthetic Vision of Sŏsan Hyujŏng," *in Culture and the State in Late Choson Korea*, edited by JaHyun Kim Haboush and Martina Deuchler (Cambridge, Massachusetts, and London: the Harvard University Asia Center, 1999), pp. 134-43 참조.

4) 김종명, '세종의 불교신앙과 훈민정음 창제', 《동양정치사상사》 제6권 1호(인천: 한국 · 동양 정치사상사학회, 2007), pp. 51-68; Kim, Jongmyung. "King Sejong's Buddhist Faith and the Invention of the Korean Alphabet: A Historical Perspective," *Korea Journal* 47-3 (Autumn 2007), pp. 134-159.

5) 이 책에 대한 연구사에 대해서는 조흥욱 1993: 2-5 참조. 이 책은 특히 문학 분야에서 많은 연구가 이루어졌으다(김기종, 〈월인천강지곡의 배경과 구송 방식〉(동국대학교 박사학위논 문, 1998), p. 1).

6) 《월인천강지곡》과 《석보상절》은 《법화경》 같은 대승불전을 바탕으로 하고 있다는 점에서 석 가모니의 또 다른 전기인 《불소행찬》류와는 다르다 (김기종 1998: 10).

7) 김기종, 앞의 논문, p. 70.

8) http://sillok.history.go.kr

9) 세종 리더쉽의 형성과 전개에 대해서는 정윤재 외, 《세종 리더십의 형성과 전개》 (서울: 지 식산업사, 2009), 한글 창제와 보급과정을 중심으로 세종의 정치 리더십을 검토한데 대해 서는 정윤재, '세종의 "보살핌"의 정치리더십: 훈민정음 창제와 보급과정을 중심으로', 조선 시대 왕과 재상의 리더십 결과발표회, 한국학중앙연구원, 2007. 11. 23, pp. 7-20 참조.

10) 재위 년/월/일.

11) 김상현. '조선불교사 연구의 과제와 전망'. 부록 1 조선왕조실록 불교사료집 완간기념 학술세미나, 《조선왕조실록과 한국불교》, 〈불교학보〉 제39집(서울: 동국대학교 불교문화연구원, 2002), p. 265.

12) 고익진, 《불교의 체계적 이해》(1994; 서울: 도서출판 새터, 1995), p. 10; 김혜순, '불교사상이해도와 양육신념 및 부모역할만족도간의 관계 –사찰소속 유아교육기관의 어머니들을 중심으로–', 《한국불교학》 제46집(서울: 한국불교학회, 2006), p. 393.

13) 강신항, 《훈민정음연구》(서울: 성균관대 출판부, 1987), p. 223; 김상현, '조선불교사 연구의 과제와 전망'. 부록 1 조선왕조실록 불교사료집 완간기념 학술세미나, 《조선왕조실록과 한국불교》, 〈불교학보〉 제39집(서울: 동국대학교 불교문화연구원, 2002), p. 265 [pp. 265–271]. 한국문학에 미친 불교의 영향에 대해서는 Kim, Jongmyung, "Korean, Buddhist Influences on Vernacular Literature in," in *Encyclopedia of Buddhism*, Robert E. Buswell, Jr., ed. (New York: Macmillan Reference USA, 2004), pp. 439–441 참조.

14) 이러한 사실은 《월인석보》 권1 '석보상절서' 등에 나타나 있다: "...頃因追薦 爰采諸經 別爲一書 名之曰釋譜詳節 旣據所次 繪成世尊成道之迹 又以正音 就加釋解 庶幾人人易曉而歸三寶焉..."근간의 추도의 일로 인하여 이에 여러 [불]경에서 가려내어 따로 책 한권을 만들고 그것을 석보상절이라 하였다. 이미 차례지어진 바에 의거하여 세존이 도를 이룬 자취를 그림으로 그리고 또 정음으로 번역하였다. 많은 사람들이 쉽게 알아 삼보에 귀의하기를 [바란다] ([세종], 《월인천강지곡》, 남광우·성환갑[주해] [서울: 형설출판사, 1978], pp. 13–14 참조).

15) 김영배 편역, 《석보상절》 下 (서울: 동국대학교 부설 역경원, 1986), pp. 120–127

16) 김영배 편역, 《석보상절》 上 (서울: 동국대학교 부설 역경원, 1986), pp. 16–17

17) 허웅, '역주 월인석보 서', 《역주월인석보 1·2》 (서울: 세종기념사업회, 1992), p. 35 [pp. 29–41]

18) [세종], 앞의 책, pp. 16–19

19) 김수온, 《식우집拭疣集》, 《한국문집총간》 9 (서울: 민족문화추진회, 1988), 77b4–8.

20) 전관응, 《불교학대사전》(서울: 홍법원, 1996), p. 1470a.

21) 강신항, 앞의 책, p. 278

22) Kim Jongmyung, 앞의 논문, pp. 139–143

23) "釋氏之道過孔子, 不啻霄壤. 先儒曰: '雖欲挫燒舂磨, 無所施.' 此未知其理而妄言者也" (30/12/5).

24) ...惑信釋教, 嘗謂: "勝於孔子之道, 程′朱非之, 不深知佛氏者也(31/7/1).

25) 조선시대의 배불론은 퇴계 이황에 의해 정점에 이르게 되었으며, 그것은 적어도 조선시대 말까지 정설이 되었다. 그러나 극단적 배타성을 특징으로 한 그의 배불론은 논리성과 합리성을 결한 것이었다. 이에 대해서는 김종명, '퇴계의 불교관 −평가와 의의', 《종교연구》 41 (성남: 한국종교학회, 2005), pp. 121-146

26) Muller, Charles A, *The Sutra of Perfect Enlightenment: Korean Buddhism's Guide to Meditation* (New York: State University of New York Press, 1999), p. 27

27) 세종의 불교 이해에 미친 기화의 사상적 영향에 대해서는 추후 연구가 필요할 것으로 보인다. 기화의 불교사상 연구에 대해서는 박해당, 〈기화의 불교사상 연구〉 (서울: 서울대학교 대학원 철학박사학위논문, 1996) 참조. 특히 기화의 사상적 특징인 돈오점수론에 대해서는 43-69쪽 참조.

28) 이재형, '한글날 특집 '훈민정음과 불교', 〈법보신문〉 2004-09-29/773호. 이 주제에 관한 심층적인 연구가 앞으로 기대된다.

29) 上之留意佛事, 守溫兄弟贊之也(32/2/25): 국왕이 불사에 뜻을 둔 데는 수온의 형제가 도운 것이다

30) 이봉춘, '조선전기 불전언해와 그 사상', 《한국불교학》 제5집(서울: 한국불교학회, 1980), pp. 41-70

31) 《문종실록》에 의하면, 김수온은 "《능엄경》은 《중용》보다 낫다"(楞嚴經過於中庸)(문종 즉위년/4/11)고 하면서, 불경을 유교 경전보다 더 높게 평가하였다.

32) 守溫夤緣左右, 交結首陽安平兩大君, 反譯佛書 ...又常誘大君曰, "《대학》《중용》불급不及《법화》《화엄》미묘微妙"(30/9/8): 수온은 좌우로 인연을 맺어 수양과 안평 양 대군과 교제를 가졌으며, 불교 책을 번역하기도 하였다... 또 항상 대군을 유혹하여 이르기를, "《대학》과 《중용》은 《법화경》과 《화엄경》의 정묘함에 미치지 못 한다"고 하였다.

33) 김기종, 앞의 논문, pp. 48-54

34) 김기종, 앞의 논문, pp. 75-80

35) 김기종, 앞의 논문, p. 10

36) 남희숙, 〈조선후기 불서 간행 연구〉(서울: 서울대학교 박사학위논문, 2004), p. 7

37) 고익진, '법화경계환해의 성행 내력', 〈불교학보〉 제12집(서울: 동국대학교 불교문화연구원, 1975), p. 171.

38) Ibid., pp. 171-191

39) 이능화, 《조선불교통사》 상 · 중(1918; 서울: 민속원, 2002), p. 561

40) 김기종, 앞의 논문, pp. 49-50

41) 김기종, 앞의 논문, pp. 75-79

42) 정승석 편, 《불전해설사전》 (서울: 민족사, 1989), p. 313

43) 중국의 불교 위경에 대한 연구에 대해서는 Buswell, Robert E. Jr., ed., *Chinese Buddhist Apocrypha* (Honolulu: University of Hawaii Press, 1990) 참조

44) 김영배, 앞의 책 상, p. 108; 김영배, 앞의 책 하, pp. 206-207

45) 김기종, 앞의 논문, pp. 51-53

46) 통일신라기(668-935)에 팔공산을 중심으로 전개된 약사신앙의 성격 분석에 대해서는 김종명, '팔공산의 약사신앙 -현대적 의의를 중심으로,' 《대구경북학 연구논총》 제1집(대구: 대구경북연구원, 2006), pp. 267-299

47) 김기종, 앞의 논문, pp. 50-51

48) 上連喪二大君, 王后繼薨, 悲哀憾愴, 因果禍福之說, 遂中其隙(31/2/25): 국왕[세종]은 두 왕좌를 연이어 잃었으며, 이어 왕후도 죽었다. 그가 슬픔에 잠기자, 그에게 마침내 인과화 복설이 그 틈에 맞게 되었다

49) 天堂地獄, 死生因果, 實有是理, 決非虛誕 不知佛氏之道而斥之者, 皆妄人, 吾不取也(31/7/1): 천당과 지옥과 죽고 사는 것과, 원인과 결과는 실로 이치가 있는 것이며, 결코 허황한 것이 아닌데, 불교를 알지 못하고 배척하는 자는 모두 망령된 사람들이므로, 내가 따르지 않는다

50) 김종명, 《한국중세의 불교의례: 사상적 배경과 역사적 의미》 (서울: 문학과지성사, 2001), pp. 226-229

51) 길희성, '현대 윤리학의 위기와 상호의존의 윤리', 《서강인문논총》 제11집 (서울: 서강대학교 인문과학연구원, 2000), pp. 51-72

52) 이부키 아츠시, 《새롭게 다시 쓰는 중국 선禪의 역사》, 최연식 옮김 (서울: 대숲바람, 2005), p. 66

53) 최정여, '세종조 망비추선亡妃追善의 주변과 석보 및 찬불가 제작', 《계명논총》 5 (대구: 계명대학교, 1968), p. 39

54) 박병련, '세종조 정치 엘리트 양성과 인사운용의 특성', 정윤재 외, 《세종 리더십의 형성과 전개》. 지식산업사, 2009, p. 51

55) 박병련, 앞의 논문, p. 61

56) 박병련, 앞의 논문, p. 52; 이성무, '세종과 유교적 국가경영', 세종국가경영연구소 개소기념 학술대회 《세종의 국가경영과 한국학의 미래》 (성남: 한국학중앙연구원, 2005. 5. 27), pp. 16-22는 그 제목에 의할 경우, 본고의 참고자료가 될 수 있는 것이지만, 그 내용은 제

목과의 관련성이 크지 않으며, 일반적인 것이다.

57) 이성무 2001: 31-2

58) 남희숙 2004: 9; 박현모 2005: 39-62

59) 금장태 1999: 580-1

60) 정윤재, '세종의 "보살핌"의 정치리더십: 훈민정음 창제와 보급과정을 중심으로', 〈조선시대 왕과 재상의 리더십〉 결과발표회 (성남: 한국학중앙연구원, 2007. 11. 23), pp. 11-13

61) 훈민정음의 창제 취지가 법률 및 경제생활의 편리화에 있었다(전성호, '세종시대 내부통제시스템', 정윤재 외, 《세종 리더십의 형성과 전개》[서울: 지식산업사, 2009], pp. 101-107)는 주장도 있다.

62) 권오영, '조선조 왕실 양로연의 추이와 그 의미', 2007년도 한국학중앙연구원 연구과제 학술발표회 《조선시대 가례의의 종합적 연구》 (성남: 한국학중앙연구원, 2007. 11. 24), pp. 77-79

63) 강신항, '한글 창제의 배경과 불교와의 관계', 《불교문화연구》 제3집 (1992), pp. 9-12

64) 《경국대전》(1485)에 의거한 조선시대 관직표에 대해서는 이홍직 박사 편, 《국사대사전》 (서울: 삼영출판사, 1984), pp. 2086-2087 참조. 이 관직표에 나타나지 않는 부지돈녕부사, 숭덕대부, 소윤, 선공 제조, 부윤 등의 직급은 《엠파스 백과사전》 (http://alldic.empas.com)을 참고하였다.

65) 이홍직, 앞의 사전, p. 2086에 의하면, 주부는 여러 부서에 있는 정6품의 직급이나, 성균관엔 주부가 없었다.

66) #는 윤년을 뜻한다.

67) 김종명, 《한국중세의 불교의례: 사상적 배경과 역사적 의미》(서울: 문학과지성사, 2001), pp. 24-26, 293-295

68) 세종이 불교를 용인한 이유는 당대에도 존재한 불교 신앙에 대한 수요 및 승단의 경제적, 군사적 외교적 필요성 때문(부남철 2005:190-195)으로 간주되고 있다.

69) 귀족 계급의 존재로 인해 삼국시대 이래 한국의 왕권은 약한 편이었다. 조선시대의 왕권도 양반들에 의한 억제와 균형의 구도 아래 전반적으로 약했으나, 14-15세기의 왕권은 상대적으로 강하였으며(Palais, James B., *Politics and Policy in Traditional Korea* [Cambridge, Massachusetts and London, England: Harvard University Press, 1975,] pp. 9-12), 세종 시대는 바로 이 시기에 해당한다.

70) 김종명, '세종의 불교신앙과 훈민정음 창제', 정윤재 외, 《세종 리더십의 형성과 전개》(서울: 지식산업사, 2009), p. 217

71) 정두희, '세종조의 권력구조 −대간의 활동을 중심으로', 한국정신문화연구원 편. 《세종조 문화연구 (I)》 (서울: 박영사, 1982), p. 4

72) 정두희, 앞의 논문, pp. 59−60

■ 참고문헌

《역주 월인석보月印釋譜》 1 · 2. 서울: 세종기념사업회, 1992.

《조선왕조실록朝鮮王朝實錄》, http://sillok.history.go.kr/inspection/ inspection.jsp?mTree=0&id=kd

김수온金守溫. 《식우집拭疣集》. 《한국문집총간韓國文集叢刊》 9. 서울: 민족문화추진회, 1988.

김영배金英培 편역編譯. 《석보상절釋譜詳節》 상 · 하. 서울: 동국대학교 부설 역경원譯經院, 1986.

성현成俔 저, 남만성 역, 《용재총화慵齋叢話》. 서울: 대양서적, 1973.

세종[世宗]. 《월인천강지곡月印千江之曲》. 남광우南廣祐 · 성환갑成煥甲 주해. 《월인천강지곡》. 서울: 형설출판사, 1977.

이능화李能和. 《조선불교통사朝鮮佛敎通史》. 1918; 서울: 민속원, 2002.

〈토론〉. 《진단학보》 75(1993): 275−89.

강신항. '세종의 불경간행', 《국어연구》 제1호, 국어연구회등사본 (1956).

_____. '한글 창제의 배경과 불교와의 관계'. 《불교문화연구》 제3집 (1992): 1−21.

고익진. '금강경오가해설의', http://www.encykorea.com/encyweb.dll?TRX?str=25469&ty=2

_____. '법화경계환해의 성행 내력', 《불교학보》 12(1975): 171−98.

권연웅. '세조대의 불교 정책', 《진단학보》 75(1993): 197−218.

길희성. '현대 윤리학의 위기와 상호의존의 윤리', 《서강인문논총》 제11집 (2000): 51−72.

금장태. 〈제3주제: 철학부문〉 세종시대의 철학사상'. 보고논총 82−2 《세종조 문화의 재인식》. 성남: 한국정신문화연구원, 1982, pp. 43−60.

_____. '세종조 종교문화와 세종의 종교의식', 《세종문화사대계 4 윤리》. 서울: 세종기념사업

회, 1999, pp. 499-632.

김기종. 〈월인천강지곡의 배경과 구송 방식〉, 동국대학교 박사학위논문, 1998.

김상현. '조선불교사 연구의 과제와 전망'. 부록 1 조선왕조실록 불교사료집 완간기념 학술세미나, 《조선왕조실록과 한국불교》, 《불교학보》(2002): 265-71.

김영진. '민국시기 불교사 연구에서 보이는 청대 고증학 전통과 서구사상의 영향', 〈불교학연구〉 제17호(2007. 8): 5-32.

김종명. '세종의 불교신앙과 훈민정음 창제', 《동양정치사상사》 6-1(2007. 3): 51-68.

_____. '팔공산의 약사신앙', 《대구경북학연구논총》 1(2006. 12): 267-99.

_____. 《한국중 세의 불교의례: 사상적 배경과 역사적 의미》. 서울: 문학과지성사, 2001.

남희숙. '조선후기 불서 간행 연구', 서울대학교 박사학위논문, 2004.

《불교관계논저데이타베이스 2006》. 서울: 서울불교대학원대학교, 2006.

《세종연구자료총서 1》. 서울: 세종기념사업회, 1983.

《세종연구자료총서 2》. 서울: 세종기념사업회, 1983.

《엠파스 백과사전》, http://alldic.empas.com.

이광호. '제3장 세종대의 언어정책과 훈민정음의 창제'. 한국정신문화연구원 엮음. 《세종시대의 문화》. 서울: 태학사, 2001, pp. 115-64.

이봉춘. '조선전기 불전언해와 그 사상', 《한국불교학》 5(1980): 41-70.

이상은. 《한한대자전》. 1966; 서울: 민중서림, 1988.

이성무. '제1장 세종대의 역사와 문화'. 한국정신문화연구원 엮음. 《세종시대의 문화》. 서울: 태학사, 2001, pp. 15-79.

이숭녕. '신미信眉의 역경사업譯經事業에 관한 연구'. 학술원논문집 《人文·사회과학편》 제25집(1986): 1-42.

이종권. 〈조선조 국역불서의 간행에 관한 연구〉. 성균관대학교 대학원 석사학위논문, 1989.

이철교·이동규 공편. 《한국불교관계논저종합목록》. 전3권. 서울: 고려대장경연구소, 2002.

이홍직 박사 편. 《국사대사전》. 서울: 삼영출판사, 1984.

임치균. '제6장 세종대의 서사 문학 -〈용비어천가〉를 중심으로-'. 한국정신문화연구원 엮음. 《세종시대의 문화》. 서울: 태학사, 2001, pp. 309-61.

전관응. 《불교학대사전》. 1988; 서울: 홍법원, 1996.

정두희. '세종조의 권력구조 —대간의 활동을 중심으로?. 한국정신문화연구원 편. 《세종조문화
　　연구 (I)》. 서울: 박영사, 1982, pp. 3–62.

조흥욱. 《월인천강지곡 연구》, 서울대학교 박사학위논문, 1993.

천인커(陳寅恪). '明季滇黔佛教考序', 《明季滇黔佛教考》 上 · 下. 石家庄: 河北教育出版社,
　　2001.

최병헌. '《월인석보》편찬의 불교사적 의의', 《진단학보》 75(1993): 219–25.

최정여. '세종조 망비추선亡妃追善의 주변과 석보 및 찬불가제작' 《계명논총》 5(1968): 27–
　　50.

한우근. '세종조에 있어서의 대 불교 시책', 《진단학보》 25 · 26 · 27 (1964. 12): 71–152.

허웅. '역주 월인석보 서', 《역주월인석보 1 · 2》. 서울: 세종기념사업회, 1992, pp. 29–41.

허일범. '한국밀교 전개사', 《밀교신문》 2002. 6. 17.

Buswell, Robert E. J. "Buddhism Under Confucian Domination: The Synthetic
Vision of Sŏsan Hyujŏng." In *Culture and the State in Late Choson Korea*, edited by
JaHyun Kim Haboush and Martina Deuchler. Cambridge, Massachusetts, and
London: the Harvard University Asia Center, 1999, pp. 134–59.

Inagaki, Hisao. *A Dictionary of Japanese Buddhist Terms*. 1984; Kyoto: Nagata
Bunshodo, 1992.

Kim, Jongmyung (Jong Myung). "King Sejong's Buddhist Faith and the Invention
of the Korean Alphabet: A Historical Perspective," *Korea Journal* 47-3 (Fall 2007):
1–26.

_____. "King Sejong's Buddhist View," Paper Presented at The 5th Korean
Studies Association of Australasia (KSAA) Biennial Conference, held at the Curtin
University of Technology, Perth, Australia, 12–13 July 2007.

_____. "Korean, Buddhist Influences on Vernacular Literature in." *In
Encyclopedia of Buddhism*, edited by Robert E. Buswell, Jr. New York: Macmillan
Reference USA, 2004, pp. 439–41.

Jorgensen, John. "Trends in Japanese Research on Korean Buddhism 2000–
2005," *The Review of Korean Studies* 9-1 (March 2006): 9–26.

Lancaster, Lewis R., compil. *The Korean Buddhist Canon: A Descriptive Catalogue*.
Berkeley · Los Angeles · London: University of California Press, 1979.

McBride, Richard D., II. "The Study of Korean Buddhism in North America:

Retropective and Recent Trends," *The Review of Korean Studies* 9–1 (March 2006): 27–48.

Mitchell, Donald W. *Buddhism: Introducing the Buddhist Experience*, second edition. New York, Oxford: Oxford –University Press, 2008.

Mohan, Pankaj N. "Beyond the "Nation–Protecting" Paradigm: Recent Trends in the Historical Studies of Korean Buddhism," *The Review of Korean Studies* 9–1 (March 2006): 49–67.

Palais, James. B. *Politics and Policy in Traditional Korea*. Cambridge, Massachusetts and London, England: Harvard University Press, 1975.

Sasse, Werner and Jung–hee An, trans. *Der Mond Gespiegelt in Tausend Fluessen: Das Leben des Buddha Gautama in Verse gesetzt im Jahre 1447 von Koenig Sejong* (Worin ch'on'gang chi k'ok sang). Seoul: Sohaksa Verlag, 2002.

Thurman, Robert A. F. *Buddhism*. Mystic Fire Video. New York: Mystic Fire Video, Tibet House New York, 1999.

— 이천의 문무겸전 리더십

— 황희의 **반대론** 리더십

— 변계량의 **일의 정치** 리더십

왕을 위한 재상의 리더십

묘
오

영산대학교 한국학부 교수

조선은 성리학적 비전을 새로운 문명체계로 인식하고 건국이념으로 삼았다. 건국기에는 이념이 정체성 혼란을 겪는 것과 더불어 현실적으로 제도 정비가 급선무이기 마련이다. 조선 역시 건국 이후는 제도와 장전의 창안, 정치적 의사결정 원칙의 결정 등 헌장문물憲章文物을 만드는 것이 시급하였다. 또 새 국가의 정통성을 부각하기 위한 의례와 상징조작도 필요했다. 곧 제도건설이 현실적으로 필요한 점을 감안할 때 '명령과 통제의 조직체 건설'에의 유혹이 강할 수밖에 없었다.

그러나 동시에 정도전을 위시한 건국자들은 그 국가이념을 '소통의 공동체 건설' 즉 유교성리학적 이상을 지향하도록 설계하였다. 유교는 정치를 기본적으로 언어활동으로 보고 있어 말하기와 경청이 중요한 정치적 수단이 되고, 또 '소통의 공동체 건설'을 지향하기 때문이다. 우리는 이런 두 상반되는 욕구 즉 효율적인 조직체제 건설이라는 법가적 사유와 현실적 필요성과, 군신간의 대화를 통한 소통이 특징인 유교이념 사이에서 긴장과 갈등을 예상할

변계량의 '일의 정치' 리더십

정치의 중심은 군주다

수 있다.

이 글은 이러한 사상적 갈등과 이념과 현실간의 긴장이 건국기 조선에 특별히 잘 나타나리라는 가설을 바탕으로 하고 있다. 그 전형적인 예를 여말선초를 살면서 건국기 재상으로 활동한 춘정春亭 변계량卞季良의 '정치' 인식을 통해 검증해보고자 한다. 변계량의 정치적 사유와 그의 활동을 통해 상반된 정치지향, 즉 관료조직체계 건설법가과 소통의 공동체 건설유가간의 갈등과 봉합의 실례들을 추적해보려는 것이다.[1]

그동안 우리 학계에서 시도된 변계량에 대한 연구는 많지 않다.[2] 정치사상적 측면에서 변계량을 연구하기로는 이한수의 연구가 본격적이다. 이한수는 변계량의 문집을 중심으로 정치가로서의 당대 현실인식과 정치가로서의 권도權道, 곧 현실주의적 응용성을 특징으로 살폈다이한수, 2001. 이 연구는 이한수의 변계량 연구 성과를 수용하되, 한 걸음 더 나아가 이념유교과 현실법가간의 갈등과 그 융합syncretism의 면모를 드러내보고자 한다.

'정치가' 변계량

변계량卞季良1369~1430은 건국기 다양한 제도건설과 예악의 편찬에
적극적으로 참여하고 또 실제로 집행한 책임자였다. 학문적으로 볼
때 그는 잡학雜學하다고 표현해야할 만큼, 문학과 역사, 의례와 음
악, 유교경학과 불교경전 등 다방면에서 해박하였다. 또 정치가로
서 놀라운 실용성과 현실성을 보여주고 있다. 한편 중국[보편]과 구
별되는 조선[구체]의 독자성을 인식하고 있었다. 즉 중국을 대국으
로서 인정하되 경모敬慕하지는 않았으며 도리어 이 땅의 독자적 역
사성을 자부하고 또 그것을 부식·심화해야한다는 '조국'의 공간감
각을 갖추고 있었다.

정치가에게 시공간 인식은 매우 중요하다. 공간[조국]에 대한 인식과 시대적 문제의식이야말로 정치가의 사유세계와 지향을 결정하는 중요한 환경적 변수라고 할 수 있다이한수, 2001. 참고 변계량의 조선[공간]에 대한 주체적 의식은 '군주가 하늘제사를 지내야 한다'는 주장에서 극적으로 표출된다신태영, 2005.

이런 그의 주장은 조선역사를 자발적으로 공부한 데서 비롯된 것으로 보인다. 그는 "일찍이 《삼국사기三國史記》와 《고려사高麗史》를 보았는데, 역대의 치세와 난세가 꼬리를 물고 이어지는 것이 마치 돌아가는 고리와도 같았습니다."《춘정집》 제7권. "영락19년 월일에 올린 봉사"라는 발언을 남기고 있다. 조선역사 공부는 변계량의 정체성을 이해하는 데 중요한 요소이며, 또 조선후기 실학파 지식인들과의 연계를 살필 수 있는 중요한 고리다. 더구나 중국고전, 특히 유교경전 학습이 학문의 전부가 된 조선중기 이후 도학파 학문 풍토와는 다른 조선초기 지식풍토를 엿볼 수 있다는 점에서도 중요하다.

그럴 뿐 아니라 그는 당대가 그 어느 시대보다 부강하고 안정되었다는 자부심도 함께 갖고 있었다. 즉 변계량은 당시 조선이 유례를 찾을 수 없을 정도로 부강하고 또 정치적으로도 안정되었음을 자부하였다.

지금 대국을 섬기는 것이나 우방의 교류가 모두 제대로 되어 밖으로는 외침을 받아 전쟁하는 일이 없어서 병장기를 거두어 놓았으며, 안으로는 권간權奸이 발호하는 우환이 없어 조정이 청명淸明합니다. 그리하여 창고가 꽉 차고 모든 부서가 직무를 잘 수행하여 조정과 재야가 태평한 지 지금 40년이 되어가니, 실로 우리 동방으로서는 다시 만나기 어려울 정도로 호시절을 맞았습니다. 《춘정집》 제7권. "영락19년 월일에 올린 봉사"

그렇다면 변계량은 건국기의 부국과 강병, 그리고 정치적 안정을 이뤄낸 근본 동력을 무엇으로 파악한 것일까. 그가 생각한 '정치'와 권력관과 군주의 리더십을 통해 이를 살펴보기로 한다.

변계량의 정치적 논술 특히 상소문들을 검토하면, 그 언어가 구체적이며 직설적임을 느낀다. 도학자들의 글쓰기와 달리 유교경전을 인용하는 우회로를 거치지 않고 지금 현실에서 요구되는 실무적인현실적이고 기술적인 대책을 본인의 목소리로 직설한다. 예를 들면 당시 국가재정 상태를 구체적으로 적시하면서 논의를 전개하는 데서 그의 글쓰기 스타일과 또 그가 지향하는 가치를 엿볼 수 있다.

그동안 검소를 숭상하고 사치를 추방하는 데에 힘을 쏟아, 국가의 용도를 절약하고 저축을 늘렸기 때문에 지금 안팎의 창고에 축적된 수량이 390여만 석에 이르렀습니다. 이것은 우리 동방에 일찍이 없었던 일이었습니다. 이는 바로 한문제漢文帝 때에 태창太倉의 곡식이 썩도록 쌓이고 쌓였다는 것과 무엇이 다르겠습니까. 《춘정집》 제6권. "제언堤堰을 축조할 것을 요청하는 상서上書"

정치현장을 환경[시·공간]에 구속되는 사회적 활동이라고 본다면, '14세기 조선'이라는 현장에 밀착하여 구체적 사건들에 대한 대책을 풀어가는 그의 정치적 언어들은 대단히 생동감에 차있다.[3]

이처럼 현장 중심적이고 정치적 사건을 구체적 처방으로 드러내는 변계량의 정치 언어는 몇 가지 특징을 갖고 있다. 첫째, 군주가 정치의 중심으로서 매사를 직접적이고 적극적으로 처리해야 한다는 군주중심주의다. 이것은 조선이라는 국가가 이씨 왕가의 사유물이라는 군주전제적 사유로도 드러난다. 둘째, 정치의 기능은 위민爲民, 즉 경제대책을 완비하고 효율적으로 집행해야 한다는 경제우선론이다. 셋째, 정치의 기능은 국가의 안전, 즉 국토방비를 중시해야한다는 국방론과 그 예방책으로서 외교론을 든다. 넷째, 학문론에서 경학經學보다는 문장술과 역사적 지식사례 중심을 중시하는 '기능주의적 학문관' 나아가 기능주의적 정치학적 사유이다.

변계량의 '정치 언어'

군주가 정치의 중심이다

변계량은 군주의 통치력이 국가안정에 필수라고 이해한다. 그가 태종이 군주권을 세자곧 세종에게 일찍이 물려주려는 데 대해 적극적으로 반대한 까닭은 태종의 통치능력을 대체할 수 있는 리더십이 세자들 속에서 찾을 수 없다는 현실적 판단 때문이었다.

전하태종께서 즉위한 이후로 다섯 번이나 좋은 의견을 건의해 달라고 하교下敎하셨는데 오직 민생民生의 고락苦樂을 염려하신 것이었고, 신문고申聞鼓를 설치한 것도 백성들의 억울한 실정이 위에 전달되지 않을까 염려한 것이었습니다. …… 매우 친근한 사람이라도 현혹되지 않았고 매우 소원한 사람이라도 그의 실정을 파악하는 등 묵묵히 사전에 기미를 살피는 지혜가 남보다 뛰어나셨습니다. 그런데도 불구하고 날마다 좋은 도리를 물어 빠짐없이 듣고 널리 받아들이셨습니다. …… 하늘의 뜻도 그러할 것입니다. 고인古人은 창업創業이나 수성守成이 똑같이 어렵다고 하였습니다. 대체로 자손이 대통大統 계승하여 창업한 조상을 빛내는 것은 힘없고 재간이 작은 자로서는 할 수 없는 법이니, 저 소도군昭悼君 곧 이방석이 해낼 수 있었겠습니까.《춘정집》제6권. "영락7년 8월 일의 봉사"

나아가 왕위계승에서 장자상속의 명분과 더불어 재능 있는 자가 대통을 이어야 한다는 인식도 변계량의 현실정치, 유능자가 군주가 될 때 국가운영이 원활하다는 사유와 궤를 같이한다.《춘정집》, 제8권, "세

자를 책봉하는 교서" 이것은 곧 그의 국가인식 즉 소유로서의 국가관으로 나아간다. 동시에 이 점은 군주직을 인격이 아닌 '기관'으로 그가 인식하는 것과 관련 있다.

그런데 군주중심주의라고 해도 그것이 조선의 국가이념인 유교 정치사상의 속성으로서 '소통의 공동체'를 건설하기 위해서라면, 정치란 '말과 언어'를 통해서 실현되어야만 한다. '신문고' 설치와 같은 것은 대표적인 말의 정치를 위한 수단^{미디어}이라고 할 수 있다. 그런데 변계량에게 군주는 일을 성취해야 하는 '근로하는 정치가' 로 그려진다. 일을 수행하는 데 필요한 도구들 가운데 하나가 '말' 일 따름이라는 뜻이다. 군주가 "신하들을 초청하여 날마다 직언直言 을 듣"는 까닭은 정치가 그 말들 속에 있기 때문이 아니라, 정치적 문제를 해결하기 위한 방안 찾기일 따름이라는 표현 속에 이런 생 각이 잘 들어있다. 말[言語]은 일을 위한 수단이다. 그는 이렇게 말 한다.

전하^{태종}께서 천지의 불길한 조짐이 거듭 발생하는 것을 두려워 하실 경우에는 신하들을 초청하여 날마다 직언直言을 듣고 정 사를 잘 닦아 하늘이 전하를 사랑하여 경계하는 뜻에 보답하여 불길한 조짐으로 하여금 반응이 일어나지 않도록 하셔야 할 것 이며, 화란의 조짐이 걱정될 경우에는 권력의 줄을 모두 움켜 쥐고 사전에 기미를 밝혀 쉬울 때 어려움을 타개하고 미세했을 때 큰일을 도모해야 할 것입니다. 《춘정집》 제6권. "영락7년 8월 일의 봉사"

그에게는 도학자들의 주장처럼 정치가 말 속에 존재하는 것이 아니라, 정치는 일 속에 있다. 그 일을 원활하게 수행하기 위해 말이 필요하다. 따라서 언로의 확보 역시 일의 성취를 위해서 필요한 수단일 따름이다. 이에 군주는 "권력의 줄을 모두 움켜쥐고" 있어야 한다. 일을 성취하기 위해 말은 한 기능이며따라서 유교적 의미의 정치도 본질이 따로 존재하지 않고, 도구에 머문다 말의 질서를 위해 상하의 규율이 분명해야 한다.

곧 그는 말과 소통을 중시하는 유교적 이념과 상충되었을 때, 정책을 합리적으로 성취하기 위한 말을 중시하되 그것은 정치를 위한 기능으로서의 말에 한정시켜야 한다는 기술적인 언어관을 보이고 있다. 이점에서 그의 사유는 전형적인 외유내법적 혼합주의라고 규정할 수 있다.

군주의 직분은 인민의 생존을 책임지는 것

당시는 농경사회였으므로 경제대책의 우선은 농사 진흥책일 수밖에 없다. 농사는 천재天災가 가장 큰 변수다. 따라서 한재와 홍수를 현실적으로 대비하고 물가안정을 위해 사창社倉과 청우晴雨를 주관하는 하늘에 지내는 제사 역시 중요한 정치적 문제였다. 흥미로운 것은 변계량은 운명의 영역으로 치부되는 가뭄과 장마조차도 정치적으로 해결해야 한다고 본다.

그는 하늘제사를 제국의 천자만이 올리는 것이 원칙이지만, 인민이 굶주림에 시달리면 제후조선의 국왕라도 하늘제사를 올려야 옳다고 주장한다.[4] 특히 단군이 천손天孫이었다는 점과 이 땅에서 관습적으로 하늘제사를 올려온 전통을 무시해서는 안 된다고 강하게 주장한다. 이 점은 특기할 만하다.

> 우리 동방의 시조는 단군인데, 하늘에서 내려오셨지 천자께서 지역을 나누어 봉한 것이 아닙니다. 단군은 요堯 임금 무진년에 하늘에서 탄강하셨는데, 지금 3천여 년이 되었습니다. 하늘에 제사를 지내는 예가 어느 시대에 비롯되었는지는 모르겠으나, 그 또한 1천여 년 이상이나 개정하지 않았고, 우리 태조太祖께서도 그대로 이어받아 더욱더 부지런히 하였습니다. 그러므로 제가 우리 동방에는 하늘에 제사를 지내는 이유가 있어 폐지할 수 없다고 한 것입니다. 《춘정집》 제7권. "영락14년 병신 6월 1일에 올린 봉사"

문제의 핵심은 이 땅의 인민들이 굶주리고 있는 현실이며, 하늘제사를 지낼지 말지는 부차적일 뿐 아니라 도리어 문제의 본말을 호도하는 것이다. 즉 그에게 정치는 경제문제를 해결하는 기능적인 것이며, 효율적인 방책을 찾는 과정이다.

그에게 군주의 직분은 인민의 생존을 책임지는 것이다. 따라서 비가 오지 않으면 무슨 수를 써서라도 비가 오도록 만드는 것이 정치라고까지 강조한다. 실로 운명의 영역으로 치부되는 자연의 이법조차도 인간의 정치력으로 해결이 가능하다고 보는 이 무모할 정도의 인간중심주의정치기능주의는 우공이산愚公移山의 만용마저 읽힌다.

> 가뭄이 너무 심할 경우에는 특별히 전국에 명하여 집집마다 비를 기원하여 기어코 비가 와야만 그만두게 하도록 해야 할 것입니다.《춘정집》 제7권. "영락14년 병신 6월 1일에 올린 봉사"

이처럼 변계량은 정치의 핵심을 경제대책으로 이해할 뿐만 아니라, 경제문제를 해결하기 위해서는 인간의 영역 너머 신의 영역에까지 조치를 취함을 정치 과업으로 여기고 있다. 주체적일 뿐만 아니라 적극적이고 실천적인 그의 사유는 주목을 요한다.

'전략적 사유'에 바탕을 둔 외교·국방정책

그의 외교대책과 국방책은 기본적으로 사대교린事大交隣 이념을 위주로 한다. 흥미로운 점은 그가 명明제국에 대한 사대론을 중시하면서도 그것이 단지 유교적 세계관[事大字小]에 의한 윤리적 차원이아니라, 힘군사력과 전략공격과 방위 그리고 그 승산의 측면, 즉 현실정치 차원에서도 관찰하고 있다는 점이다. 세력으로 보면 명제국과 전쟁해서는 승산이 없으므로 요동정벌을 회군한 것은 잘 한 일이라고 본다. 그러나 명제국 역시 조선 강역 쪽으로 침략해서는 그들도 실패할 수밖에 없다고 판단하는 데서 '전략적 사유'에 바탕한 현실주의적 정치관을 보여준다.

[명나라에서 조선침략 불가론을 논하는 자들은 이렇게 주장했을 것이다.] "조선은 작지만 지역은 매우 험악하고 풍속은 예의를 압니다. 그리고 전투에 능하여 수양제隋煬帝와 당태종唐太宗이 모두 친히 정벌에 나서 백만의 무리를 이끌고 공격하였으나, 안시성安市城에서 곤욕을 치르고 살수薩水에서 패배를 당하여 천하 만세의 비웃음거리가 되었습니다. 그들이 군사를 동원하여 요동을 공격하였으나 얼마 안 되어 회군回軍하였고, 사신을 죽이기는 하였으나 그 나라 임금의 뜻이 아니었습니다. 그리고 조회 때 왕래하며 조금도 잘못한 적이 없었으니, 그냥 어루만져 두는 것이 순리이고 무사할 것입니다"라고. 이렇게 말하는 사람이야말로 중국을 안정시키고 변방을 대우하는 도리를 안다고 하겠습니다. 황제가 우리나라를 정벌할 마음이 없었기 때문에 정벌하지 말라는 설이 시행되어 천하가 통일된 이후 40년간 서로가 평온했던 것입니다. 〈춘정집〉 제7권, "영락13년 7월 일의 봉사."

변계량은 외교·국방정책에 있어, 도덕주의에 근거한 윤리적 사유소프트 파워와 더불어 명 제국과 조선국가 양쪽의 세력과 전략을 현실주의적 사유하드 파워로서 아우르고 있었던 것이다. 이에 그는 명분과 더불어 실리를 함께 조망함으로써, 군신의 예를 취하여 불필요한 분쟁을 피해 국제간 안정을 도모하되 동시에 명 제국 체제에 종속되지는 않는 독립적이고 자존적自尊的인 국체를 꾀하였다고 할 수 있다.

과거시험은 문학과 사학 중심으로

변계량은 군주의 수기修己, 즉 경敬 공부를 중시한다. 정치가 군주의 마음에서 비롯된다는 유교, 특히 성리학적 전통을 무시하지 않았다.5) 그런데도 정치에서 경학은 통치를 위한 예비적인 것이다. 즉 정치의 본질은 아니다. 그가 인재등용의 공시적 문호인 과거科擧 시험을 경학 중심이 아닌 문학과 사학 중심으로 전환할 것을 촉구한 것은 현실주의적인 학문관, 나아가 기능주의적 정치관을 드러낸다.

> 정도전이 예비시험[初場]에서 문장·역사서 시험[疑義]을 없애고 경학시험[講論]으로 바꾼 것은, 문장 짓는 데만 주력하는 습관을 억제하고 경전을 연구한 선비를 얻으려고 힘썼던 것입니다. 그 의도는 좋았습니다만 시행한 지 오래되었으나 결국 실효는 없고 도리어 폐단만 생겼으니, 오래도록 시행할 만한 일상적인 제도는 아니었습니다.

권근이 그러한 내막을 잘 알고 글을 올려 보고하자, 태종께서 그의 건의를 받아들여 강경講經을 없애고 의의疑義의 시험을 보이도록 명함으로써 역대의 옛 제도를 회복하였습니다. 그런데 그 뒤로 초장에 강론의 시험을 보이기도 하고 글 짓는 시험을 보이기도 하는 등 그때의 상황에 따라 시행한 채 일정한 규정이 없었습니다. 《춘정집》 제7권, "과거에 글짓는 시험을 보이는 것에 관한 상서"

이것은 경학에 앞서 실무수행에 필요한 글쓰기, 곧 외교문서와 행정문서를 짓고 또 제문과 고유문을 작성할 수 있는 실무적 문장력을 중시하고 있음을 보여준다.

이렇게 볼 때 변계량의 사유에서 드러나는 군주중심주의와 경제 우선론, 국방과 외교정책에서 보여주는 현실적이고 전략적인 사유, 그리고 경학보다는 기예로서의 문장과 역사지식을 중시한 점들은 그가 정치를 유교이념에 구속시키기보다는 도리어 유교를 현실과 당대의 필요에 따라 조율했음을 보여주는 사례들이다. 이에 그의 정치인식은 전형적인 외유내법적 혼합주의를 보여준다고 평가할 수 있다.

변계량이 요구한 군주의 리더십

문제 해결자: 리더십1

변계량에게 군주는 근로하는 지도자다. 성왕 가운데 순舜이 말의 정치가듣기/말하기의 상징이라면, 그에게는 이상적인 군주는 "업무 때문에 자기 집 앞을 세 번이나 스쳐 지나가고 만" 우禹임금이다.〈맹자〉참고 그에게 군주의 리더십은 '시공간적으로 주어진 정치적 사건을 어떻게 해결할 것인가'에 핵심이 있다. 곧 군주의 정치적 의의는 국가의 안정과 국부 증식, 그리고 인민노동력의 건강이라는 공학적 차원이다. 역시 군주의 리더십은 공작적工作的, 즉 기능적 특성을 띤다.

군주의 역할을 살펴보기 위해 농경국가에서 큰 정치적 사건인 '오랜 가뭄을 어떻게 해소할 것인가'라는 문제를 예로 살펴보자. 그는 가뭄에 대해 실천적이고 현실적인 대책마련이 필수라고 요구한다.6)

우선, 그간의 정치를 총체적으로 점검하는 군신君臣 전체 회의를 통해 문제를 파악해야 한다. "날마다 조정에서 경연經筵을 열어 치도治道를 논하는 신하를 접견하여 고금을 토론하고 치도를 강론하여 나라의 근본을 수립해야한다"는 것.〈춘정집〉 제7권, "영락14년 병신 6월 1일에 올린 봉사"

둘째, 가뭄으로 인한 민심의 이반에 대처하여 군사 및 경찰을 점검하여 불의의 사태를 대비해야 한다. 곧 "무위武威를 분발하여 취각吹角의 영을 거듭 밝혀 군법軍法을 엄중히 하고 인심人心을 숙연히 함으로써 불의의 사태에 대비해야 할 것이다."상동

셋째, 흥미롭게도 한나라 초기 동중서董仲舒의 천인감응설 이래로 관습화된 군주 자책의 의례는 무의미하다는 그의 생각이다. 그는 재난의 탓을 군주 자신에게서 찾아 근신하고 자책하면서 음식을 줄이는 것은 전혀 가뭄대책에 도움이 되지 않는다고 본다.

> 만약 임금이 반성하고 두려워하며 식사를 줄이고 자책으로 끝날 경우 일에는 도움이 없고 기운만 손상될 것이다.《춘정집》, 제7권,
> "영락14년 병신 6월1일에 올린 봉사"

이처럼 그는 가뭄이라는 재난을 자연적 차원기우제과 정치사회적 차원으로 인식할 뿐, 군주의 수신 즉 도덕적 차원으로 생각하지 않았다. 도리어 그것은 국가기관인 "군주의 몸을 해쳐서" 국가 전체에 해악을 주는 것으로 이해하고 있다. 이런 점에서도 그의 실무적 사유를 엿볼 수 있다.

넷째, 유교에서 음사淫祀로 배척해마지 않는 하늘·땅·물 등 각종 잡신雜神들에 대한 기우 제사를 낱낱이 드리는 것이 오히려 의미 있는 정치적 대책이라고 제안한다.

비록 예서禮書에는 기록되지 않았으나, 세속에 전래된 비를 기원하는 일로 필성畢星과 진성軫星에게 제사를 지내는 것이나 토룡土龍과 화룡畫龍에게 제사를 지내는 것이나 도마뱀, 무당, 중들에 이르기까지 그 사례가 수두룩한데, 모두 비를 기원하는 제사를 지내고 있으며, 오도五道와 양계兩界에서 모두 그렇게 하고 있습니다. 가뭄이 너무 심할 경우에는 특별히 전국에 명하여 집집마다 비를 기원하여 기어코 비가 와야만 그만두게 하도록 해야 할 것입니다. 《춘정집》 제7권, "영락14년 병신 6월 1일에 올린 봉사"

인민의 생명이 달린 문제라면, 비는 마땅히 와야 한다. 비가 오도록 무슨 짓이든 다 해야 하는 것을 정치로 보고 있는 것이다. '무슨 짓'이 과연 무엇인지를 알고[知], 무슨 짓이든 다 하는 노력[勤], 이것이 정치라는 것. 이런 대목에서 보자면 변계량에게 정치는 실용적이기를 넘어 공작工作적이기 조차하다. 어쩌면 그는 정치를 고대의 샤먼적 행위처럼 천-지-인천계天界와 지계地界와 인계人界을 통합하는 종합적인 활동으로 보고 있었던 것 같기도 하다.

중국 최초의 문자사전인 《설문해자說文解字》에서는 임금을 뜻하는 왕王자를 두고, "상중하 세 획의 가운데를 세로획이 뚫어 만든 것인데, 가로획 셋은 천天·지地·인人을 의미한다"라고 해설하고 있다. 그 진위 여부와는 별개로 동아시아인들이 전통적으로 정치를 자연계와 인간계를 아우르는 것으로 생각했음을 엿볼 수 있다. 그런 점에서 변계량이 정치행위를 자연계^{운명적 영역}도 아우르는 것으로 인식한 것은 전혀 이상한 일이 아니다.[7]

그런데 이렇게 노력했는데도 하늘이 비를 내리지 않는다면, 《맹자》에서 논했듯, "제 역할을 하지 못한 사직단은 허물어 버리는 것"이어도 좋다.[8] 이렇게 보면 귀신들조차도 근로하는 존재이며, 제 일을 하지 못하면 처벌을 받아야 하는 셈이 된다. 주어진 문제를 해결하는 자가 군주여야 한다는 점에서는 운명[Fortuna]을 이겨내는 군주의 덕성[Virtu]을 강조한 마키아벨리의 사유와도 겹쳐 보인다.

권력의 소유자: 리더십2

변계량은 군주의 강한 리더십을 요구한다. 유교경전에서 요구하는 무위이치無爲而治, 즉 유능한 재상을 임명하는 것으로 군주의 소임이 끝나는 것이 아니라는 것이다. 특별히 이 점에 대해 그는 "임금의 직책은 정승 하나만 잘 선택하면 백관百官과 만사萬事가 제각기 타당성을 얻는다고 하였다. 그러나 이는 옛날에는 할 수 있었지만 오늘날에는 할 수 없는 것"[9]으로 못 박는다. 따라서 그는 권력이 결코 남에게 양도되어서는 안 되는 군주의 고유한 소유물이어야 함을 강조한다.

권력은 천하 사람들이 두려워하는 바이고 이익은 천하 사람들이 추구하는 바이므로, 권력과 이익의 칼자루는 하루라도 아랫 사람에게 넘어가서는 안 된다고 여깁니다. 임금은 외롭고 신하는 매우 많습니다. 매우 많은 사람들이 외로운 사람에게 복종하는 것은 권력과 이익이 있기 때문인데, 아래로 넘어가서야 되겠습니까.10)

이것은 《한비자》에서 논하는 군주독재론과 다를 바 없다.11) "많은 사람들이 외로운 사람에게 복종하는 것은 권력과 이익이 있기 때문"이라고 본 것은 그가 정치력이 곧 권력과 이익을 작동인作動因으로 하는 것임을 분명히 한 것이다. 그러면 신하를 통솔하는 기술[術]은 무엇인가. 애愛와 공公을 그 대책으로 제시한다. 이것은 마키아벨리적인 의미에서의 정치적 기술이다.

신하를 통솔하는 도리가 무엇인가 하면 아낌과 공평뿐입니다. 아껴주면 인심이 순해지고 공평하면 인심이 복종하는 법이니, 순해지고 복종하면 신하를 통솔하는 데 무슨 어려움이 있겠습니까.12)

여기 아낌[愛]이란 친親과 인仁과 달리 '사물에 대한 아낌'을 뜻한다.13) 아낌의 기술은 "천하의 권력을 틀어쥐고 모든 이익의 원천이 군주로부터 발출토록 만드는 것"이며, 공평성은 "실없는 말이나 생소리라도 마음껏 펼치도록 만들어 신하들의 속마음이 낱낱이 드러나도록" 환경을 조성하는 것이다. "신하를 통솔하는 방법 중에 간사한 사람을 꿰뚫어보는 것만큼 중요한 것이 없으나, 그보다 더 중요한 것은 간사한 꾀를 부리지 못하도록"[14] 그 마음가짐을 읽는 것이기 때문이다. 이렇게 볼 때, 아낌과 공평성이란 곧 권력을 가진 군주가 신하를 쓰다듬어 그의 명령에 거역하지 못하도록 만드는 기술적 방법론으로 제시된 것을 알 수 있다.

국가경영자: 리더십3

변계량에게 군주는 국가의 소유자다. 즉 국가는 공유물이 아니며 이씨 가문의 사유물인 것이다. 또 군주는 국가의 경영자다. 이러한 소유자·경영자로서의 군주관은 16세기 도학자들의 투쟁 대상이 된다배병삼, 2005. 변계량이 가진 '소유로서의 국가관'은 다음 표현 속에 잘 드러난다.

> 태조께서 지극하고 융성한 공덕功德으로 왕씨王氏 4백여 년의 왕업王業을 이어받아 일국一國을 소유하셨으니, 이는 인위적人爲的인 것이 아니라 하늘의 뜻이었습니다. 창업한 뒤에 그 계통을 끝없이 자손에게 물려주는 것을 어찌 태조께서만 생각했겠습니까. 하늘의 뜻도 그러할 것입니다. 《춘정집》 제6권. "영락7년 8월 일의 봉사"

이런 '소유로서의 국가'관을 가진 변계량에게 군주는 사적 인격이면서, 동시에 공적 기관 곧 군주직이 된다. 눈여겨 볼 점은 군주의 '건강에 유의할 일에 대하여' 논하는 대목이다.

> 전하께서는 신심身心을 잘 함양하여 옥체玉體를 보호하되, 너무 과로하지도 말고 너무 안일하지도 말아, 중화中和를 응결시키고 선기善氣를 유도하셔야 합니다. 그리고 의복과 음식, 담소談笑하거나 거동하실 때에도 모두 검소하고 아껴서 적절히 조절하셔야 할 것입니다. (……) 신은 전하께서 조금이라도 건강이 안 좋다는 말을 들으면 깜짝 놀라 걱정을 금하지 못한 적이 여러 번이었습니다. 《춘정집》 제6권, "영락13년 6월 일의 봉사", '신조섭愼調攝'

군주 건강을 염려함은 그 다음해 올린 상소"영락14년 병신 6월 1일에 올린 봉사" 속에서도 나온다. "제가 지난해 여름 여섯 조목의 건의를 드렸을 적에 몸을 신중히 보호하는 것을 첫째 조목으로 삼고 그에 관해 누누이 강조하였던 것은 (……) 제가 아첨한 것이 아니라 저의 가지고 있는 생각이 정녕 이러합니다"라며 재차 거론한 것이다. 이것은 변계량이 국가를 이씨의 사유물로 본 관점을 부연한다. 군주는 국가의 소유자이므로 그는 사적 인격에 머무는 것이 아니라, 공적인 기관이 되기 때문이다. 따라서 군주의 건강문제는 국가의 건강과 직결된다.

물론 본인 스스로 고위직에 발탁되어 평안하게 살고 있음을 사적인 은혜로 여긴다.[15] 즉 개인적 차원에서 군주들은 그의 은인이다. 그러나 그에게 군주의 건강을 걱정하는 것은 결코 이런 사적인 수준에 머무는 것이 아니다. 이것이 그가 "아첨한 것이 아니라"는 변명 속에 든 뜻이다. 그가 아첨이 아니라 진심으로 군주의 과로를 염려하여 "전하께서 걱정하시는 바는 억조의 백성이 옷이 없고 밥이 없어 혹시라도 굶주리고 추위에 떨지 않을까 염려하시는 것이고, 신이 염려하는 것은 또다시 전하께서 지나치게 걱정하고 근면하다가 침식寢食을 잃어 혹시라도 건강이 나빠지지나 않을까 두려워한다"^{"영락14년 병신 6월 1일에 올린 봉사"}고 지적한 것은 공적 차원의 고민이다. 군주의 건강을 염려하는 것이 공공적인 차원일 수 있기 위해서는 군주의 몸이 국가기관일 때일 뿐이다.

　그러나 이런 인식은 변계량만의 것이 아니었다. 충성과 절개의 대명사로 알려진 성삼문成三問(1418~1456)의 죽음도 그것이 어떤 이념^{이를테면 '불사이군不事二君'}을 위한 것이기 보다, 전 왕^{문종}과의 약속을 수행하기 위한 것에 지나지 않았다. 그의 절명시絕命詩 가운데;

남의 밥 먹고, 남의 옷 입으면서 평생에 잘못 없기를 바랐다네.
이 몸은 죽어가도 충의는 살아, 꿈에도 잊지 못할레라.
현릉顯陵^{문종}의 솔빛.

지금 성삼문은 왕가에서 벼슬한 것을 "남의 밥 먹고, 남의 옷을 입는 것"으로 인식하고 있다. 이것은 조선초기 관료지식인들이 차후 조광조 이후의 도학자들이 인식하듯 국가를 공공적인 기관이 아니라, 왕실의 소유물로 인식하고 있었음을 보여주는 또 하나의 표지다.

당연히 조선을 유교이념에 기초를 둔 국가로 볼 때, 변계량이 갖고 있는 소유로서의 국가관은 반경학적 사태가 된다. 역시 조광조 이후 성리학적 정치가들의 투쟁은 소유로서의 국가를 공자그리고 맹자가 제시한 '소통의 공동체로서의 국가'로 전환하려는 문명화 투쟁이라고 이해할 수 있다. 다만 역사적인 차원에서 볼 때, 조선초기의 정치사상은 소유로서의 국가관이 일반적이었음은 성삼문의 절명시에서도 방증된다. 동시에 경학에 대한 소견을 갖추었던 변계량으로서는, 공자가 제시한 '소통으로서의 국가'는 당시 조선초기의 현실[hic et nunc]과 괴리된 것이라는 가치판단을 내린 것으로도 읽을 수 있다.

그리고 그의 현실주의적 가치판단은 사상적으로는 한당제국 치하의 외유내법外儒內法적 정치관습과 관련되고, 더욱 위로는 한비자의 법가에까지 추적할 수 있다고 판단된다. 그의 사상을 형성한 바탕에는 법가적인 에토스가 분명히 하나의 중요한 물줄기를 이루고 있다.

요컨대 변계량의 군주중심적 정치관은 소유로서의 국가관에서 파생된 것이다. 그에게 국가는 사적 소유물이며, 그 소유주가 군주다. 그렇다면 그의 신민^{臣民}관 역시 소유로서의 국가관에서 파생될 수밖에 없다. 인민은 군주의 소유물을 증식하는 노동자들이며, 신하^{관료}는 소유자를 보좌하는 수족^{手足}들이 된다. 이에 그가 군주에 조언한 것을 간추린다면, '국가는 조상의 위업으로 이룬 군주^{태종·세종}의 소유물이다. 이것을 아끼고 증식해야 하는 것이 그대의 책무다. 그리고 그것을 증식시켜주는 민의 노고에 감사하라. 아껴서 오래오래 후손들에게 전해라. 이것이 천명^{天命}이다.'

리더십을 위한 세 가지 덕목

그러면 국가경영을 위한 리더십은 구체적으로 어떻게 확보할 수 있을까. 그는 세 가지 덕목을 제시한다. 첫째는 인술^{仁術}이며, 둘째는 정치적^{역사적} 지식[明]이며, 셋째는 '부지런히 일하기'[勤]다.

인술

'인술'이란 정치의 정체성에 대한 것이다. "왜 정치를 하는 것인가"에 대한 대답이다. 이 대목은 유교 정치사상가들의 '스테레오타입'이다. 변계량도 "인^仁이란 천지가 만물을 생성하는 마음으로서 사람마다 가지고 태어나는, 이른바 마음의 덕이자 사랑하는 이치다"라고 지적한다. 이것은 주희의 인仁 해석을 그대로 받아들인 것이다.

또한 인정仁政의 단계를 그는 《맹자》에 입각하여, "천지 만물을 일체一體로 삼기 때문에 친한 이를 친히 한 뒤에 백성을 사랑하고 백성을 사랑한 뒤에 만물을 사랑하여, 천지 안에 큰 것이나 작은 것, 새나 물고기, 동물이나 식물로 하여금 어느 것이나 나의 덕화德化 가운데로 들어오게 하고야 마는 것입니다. 그러므로 인의 덕이 지극하다고 하겠습니다."라고 서술한다. 이는 곧 변계량이 유학자로서의 정체성을 갖고 있다는 뜻이기도 하다.

정치적 지식

변계량에게 지식[明]이란 '역사 성공사례에 대한 지식'을 뜻한다.

> 임금의 덕은 지식[明]보다 더 큰 것이 없습니다. 명철하면 정치의 본말本末과 완급緩急의 올바른 것을 알 수 있고 인재의 고하高下와 사정邪正의 차이를 분변할 수 있으니, 이 두 가지를 터득하면 나라를 다스리는 데 무슨 어려움이 있겠습니까. 대체로 정치의 본말을 모를 경우 인仁을 베푸는 순서에 어둡고, 인재의 고하와 사정을 분변하지 못할 경우 어떻게 인재를 적재적소에 임용하여 타당성 있게 일을 하게 할 수 있겠습니까. 명철이라는 것은 정말 임금의 큰 덕입니다. 《춘정집》 제7권, "영락17년 7월 일에 올린 봉사"

변계량에게 "정치의 본말과 완급"과 인간에 대한 이해 즉 "인재의 고하와 사정邪正의 차이"를 파악하는 것이 명, 곧 '정치적 지혜'다. 이 정치적 지혜가 바탕이 될 때에야 적절한 정책시행과 적재적소의 인재 수급과 배치라는 실천이 가능하게 된다.

그에게 정치적 실천은 정치와 인간에 대한 이해를 바탕으로 하지 않으면 안 된다. 한당漢唐대의 치세를 확보한 한고조와 당태종의 정치[16]가 성왕의 정치로 승화되지 못한 까닭도, 그것이 정치와 인간의 정체성에 대한 이해에 기초하지 못하고 말단적인 전략과 전술에 머물렀기 때문이다.

당 태종이 위징魏徵의 인의설仁義說을 취하고 봉덕이封德彝덕이는 봉륜封倫의 자字의 시무설時務說을 취하지 않았으니, 그 또한 사람의 사정을 알았다고 할 만합니다. 한 고조가 삼걸三傑을 잘 등용하여 천하를 취한 다음 숙손통叔孫通으로 하여금 예악禮樂을 제정하고, 장창張蒼으로 하여금 수학과 도량형기度量衡器를 제정하고, 소하蕭何로 하여금 법률을 제정하고, 한신韓信으로 하여금 군법軍法을 제정하게 하였으니, 그 또한 인재의 고하를 알아 적재적소에 임용한 것입니다. 그러나 정치의 본말에 있어서는 대체로 들어 보지 못하였습니다.《춘정집》 제7권, "영락17년 7월 일에 올린 봉사"

요컨대 정치의 의미를 알아야 정책을 펼 수 있다. 정치와 인간을 이해하려면 역사를 공부해야 한다. 마치 역사서 《서경》를 공부하여 정치의 대체를 이해한 다음에 정치를 펼 수 있다고 본 공자[17]와 같은 맥락에서 그도 역사적 사례 연구를 '정치적 지혜'를 구성하는 내용물로 이해한다.[18]

주목할 점은 그가 경학적 지식보다는 역사적 지식을 정치를 이해하는 데 중요하게 보고 있다는 점이다. 그리고 그 '정치적 지혜'의 궁극처는 성왕들의 정치적 성공사례 연구로 귀결된다. 이 역시 경학적 공부가 아니라 정치적 성공사례로서 역사연구의 소재인 것이다. 즉 도학자들과 달리 요·순과 문·무왕은 성왕이라서 중요한 것이 아니라 정치적 성공 때문에 중요하다.

[당태종이나 한고조의 정치가 시대를 흥륭케 하였지만] 그러나 정치의 본말에 있어서는 대체로 들어 보지 못하였습니다. 소급해 올라가 문왕文王의 능히 시비를 밝히고 능히 선악을 분류하고, 성탕成湯의 위에 있으면서 능히 밝게 하였고, 순舜의 문명文明과 요堯의 흠명欽明이야말로 매우 지극하여 마치 해와 달이 위에서 비추면 천하에 빛이 나는 것 같았습니다.

이를 본받고 싶은 후세의 임금은 반드시 먼저 학문을 부지런히 해야 하니, 전하께서는 관심을 깊이 가지소서.《춘정집》 제7권, "영락17년 7월 일에 올린 봉사"

이 점은 변계량이 역사 지식과 정치 사이의 깊은 연관성을 성찰하고 있음을 보여준다. 성왕이 정치를 학습하고 사색을 통해 정치의 본질을 깨우쳐야 시공간에 적실한 정책이 나온다는 것이 정치적 지혜[明]의 의의다.

부지런함

그러나 변계량에게 정치는 실천을 통해 이념[仁]과 지식[明]을 실현하는 과정이다. 그 과정을 그는 '부지런히 일하기[勤]'로 개념화한다. 사실 위의 두 덕목, 인과 지식은 유교정치사상의 본질이다. 공자가 인을 애인愛人으로, 지를 지인知人으로 요약하고 이를 정치적 과정으로 설명한 것은19) 인과 지식변계량의 문법으로는 인과 명明이 유교정치사상의 본바탕임을 알려준다.

실로 변계량의 권력론에서 고유한 것은 '부지런히 일하기'다. 그는 군주의 정치적 실천에서 인과 지혜도 중요하지만 특별히 '근'이야말로 가장 중요하다는 입장을 천명한다.

'부지런히 일하기[勤]'라는 것은 인심人心이 항상 존재하게 하는 것이고 만사가 이것으로 인해 이루어지는 것입니다. 천도天道는 부지런하여 만물을 탄생시키고 왕도王道는 부지런하여 모든 공적을 이룩합니다. 《주역》에 말하기를, "천체의 운행은 굳건하다. 군자가 이를 본받아 자강自强하여 쉬지 않는다."고 하였는데 이를 두고 한 말입니다. '안일과 욕심을 부리지 말고 근신하고 두려워하라'는 말은 고요皐陶가 순 임금을 경계한 것이고, '군자는 안일을 좋아하지 않는다'는 말과 '오늘은 마음껏 즐겼다고 말할 틈이 없게 하라'는 말은 주공이 성왕成王을 경계한 것이었습니다. 잠시라도 근신하고 두려워하지 않으면 방종해지고, 털끝만큼이라도 기미를 살피지 않으면 환란이 발생합니다. 그렇기 때문에 보이지 않는 곳에서 근신하고 들리지 않는 곳에서 두려워하라고 하였으니, 이는 잠시라도 부지런히 하지 않아서는 안 된다는 것을 말한 것입니다. 우 임금은 나라 일을 부지런히 하였고 문왕은 아침부터 저녁까지 식사할 틈도 없이 일을 하여 만민萬民을 융화시켰으며, 세상을 소강小康 상태로 끌어올린 한 나라와 당 나라 임금들도 모두 부지런히 하여 이룩하였습니다. 《춘정집》 제7권. "영락17년 7월 일에 올린 봉사"

이렇게 볼 때 변계량의 리더십은 '일하는 리더십', '성취하는 리더십'으로 개념화할 수 있다. 그가 '부지런히 일하기'라는 실천을 리더십의 세 덕목 가운데 가장 중시한 것은 "대체로 인은 왕덕王德의 체體이고 명明은 왕덕의 용用인데, 부지런히 일하면[勤] 체용의 전체를 다하는 것입니다. 예로부터 치세治世와 난세亂世의 구분은 그 당시 임금이 부지런한가의 여부에 달려 있었습니다"상동라는 주장에서도 선명하다. '열심히 일하기'의 경학적 근거는 성誠에 해당하

는 것으로 보인다.[20]

곧 변계량의 리더십은 근본적으로는 유교적 정체성을 확보한 바탕 위에서, 법가적인 정치기술을 수용하는 외유내법外儒內法적 형태를 보여준다고 하겠다. 그리고 이것은 지성사적으로 볼 때 한당대의 관료주의적 정치사상을 그가 계승하고 있음을 보여주는 예라 하겠다. 덧붙여 변계량은 이런 리더십의 조건들을 배우고 익히면 누구나 실천할 수 있는 일종의 기예로 이해하고 있기도 하다.[21] 또 스스로를 군주세종에게 이런 리더십을 가르칠 수 있는 교사로서의 자의식을 갖고 있다는 점도 주목할 만하다.[22]

지금 이 땅의 문제를 해결하는 '일의 정치'

변계량의 정치관은 현실주의적 사유와 강한 실천주의가 특징이다. 말언어 속에 정치가 있는 것이 아니라, 일을 통해 정치가 실현된다. '말'은 일을 성취하기 위한 정보제공판단의 한 자료로서, 군주는 그 언어를 개방하되 선별하여야 한다. 신하들의 말 속에 정치를 넘겨주어선 안 된다. 도구적 언어관이라고 할 수 있다. 동시에 그는 '지금 여기에'라는 정치적 환경을 중시한다. 정치는 이 환경에서 제기된, 또는 그 환경을 극복하기 위한 기술적 모색이다. 이 점에서 그의 정치는 기능적이다.

사상적으로 볼 때 그는 텍스트경전·역사서·문학서 속에 함몰되지 않고 당대의 시공간을 중심으로 그것들을 도구화한다. 즉 텍스트들은 이 시공간에서 발생하는 문제를 해결하기 위한 기술도구로서 의의를 갖는다. 따라서 유교경전도 일종의 지침서에 불과하다. 그가 역사서를 정치의 중요한 텍스트로 삼는 것도 이런 기능적 지식관 때문이며, 또 문필을 중시하는 것도 정치적 실용성 때문이다. 그는 지적 개방성이 특징이며, 말유교과 일법가을 아우른다는 점에선 한당대 '외유내법'의 전통을 계승하고 있다고 볼 수도 있다.

특별히 천명해야 할 것은 정치가로서의 주체적인 사유다. 그가 제시한 ① 조선군주가 하늘제사를 지내야 하는 이유 ② 단군에 대한 인식과 조선의 역사서삼국사기/고려사에 대한 이해 ③ 중국과 조선의 전쟁사수문제·당태종를 바탕으로 구사하는 전략적 외교인식, 그리고 ④ 당시를 유사 이래 최대의 부흥기로 파악하는 현실인식은 그의 실용적 정치철학이 주체에 대한 깊은 이해와 자부심을 바탕으로 제시된 것임을 확인시켜 준다.

한편 소유로서의 국가관과 투철한 군주 독존적 리더십론은 절대주의로 빠질 위험성도 갖고 있다. 차후 세조와 연산군의 왕권중심주의와 훈구관료들의 기술적 태도의 연원으로 지목될 만하다. 다만 군주의 독선을 견제할 장치로서 사관史官의 역할을 높여 해결하려는 노력은23)제도로 정착되었다고 평가할 만하다.

또 그가 가진 기능주의적 정치관은 신료들과 백성들을 대상화사물

확함으로써 정치를 공학적 형태로 타락하는 계기를 마련한 점도 지적되어야 할 것이다.이런 평가는 도학파 사상가들의 정치투쟁을 '문명화 과정'으로 보는 관점에 기초한다. 도구적 인간관, 엔지니어링으로서의 정치술은 그가 가진 기능주의적 정치관의 소산이다. 군주가 정치적 사건을 두고 자기 내부에서 문제를 찾는 내향적이고 성찰하는 과정을 통과하지 않고, 정치적 해결책을 제도와 통치술을 통해 모색한다는 점에서는 군주의 독재체제로 나아갈 길을 연 것이기도 하다.

결론적으로 변계량의 기능주의적 정치노선은 실용주의적 학문지식관, 조선 중심의 주체적 세계관, 군주 중심적 권력관 그리고 소유로서의 국가관으로 표출되는데, 역시 이 점들은 조선후기의 실학파, 특히 다산 정약용의 정치관과 비교할 만한 가치가 있다. 나아가 변계량이 유자이면서도 법法, 권도權道를 이해한 현실주의적 정치가라는 점은 법가사상, 예컨대 〈순자〉나 〈한비자〉와 비교 고찰할 여지도 남기고 있다.

배병삼

영산대학교 학부대학 교수다. 경희대 대학원에서 정치학 박사학위를 받았다. 유도회儒道會 부설 한문연수원에서 수학했고, 한국사상연구소 연구원을 역임했으며, 동양의 여러 사상을 연구하고 있다. 저서로 《논어 사람의 길을 열다》, 《한글세대가 본 논어》, 《숲을 쳐 뱀을 놀라게 하다》 등이 있다.

1) 두 물줄기가 합치기로는 한당漢唐대가 그러하였다. 한漢 제국 건설 이후, 유교와 법가는 이른바 외유내법外儒內法이라는 관료제 정치이론으로 습합되었다.(와타나베 신이치로, 2002; 하워드 웨슬러, 2005) 한편 남송南宋대에는 이에 대한 반작용으로 유교의 순수성을 강조하는 정통주의가 부각되었다(주희, 〈대학장구서설〉; 〈존맹변尊孟辯〉).

2) 변계량이 정치가의 길로 나선 것은 태종7년(1407) 4월 문신들을 대상으로 친시親試한 문과 중시文科重試에서 을과乙科 제1인자로 뽑힌 이후다(천혜봉, 〈해제〉, 《국역 춘정집 1》, 4쪽).

3) 특별히 김홍경은 변계량을 '관학파 지식인'으로 비정한 바 있다(김홍경, 1991a; 김홍경, 1991b). 그는 변계량의 사상적 특성으로 강한 실용성, 실무성을 꼽았고(김홍경, 1991a), 최근에는 조선후기 실학파, 특히 정약용 사상이 초기의 관학파 사상가들의 사유와 친근함을 부각시키고 있는데(김홍경, 2008) 그 시사하는 바가 크다. 또한 신태영은 변계량이 주창하고 시도한 제천의례祭天儀禮의 특성을 살핀 연구물을 제출하였다. 이 속에서 변계량을 위시한 조선초기 관료지식인들의 주체적이고 '민족주의적'인 특성을 부각한 바 있다(신태영, 2005.).

4) 《춘정집》의 인용문은 《국역 춘정집(1)·(2)》를, 《왕조실록》의 기사는 《국역 왕조실록》을 대본으로 삼았다. 이를 원문과 대조하였고, 필요한 경우, 윤문과 압축을 행하였다. 인용 문장의 책임은 인용자(본인)에게 있다.

5) 김홍우 교수의 '일과 말' 사이의 관계에 대한 지적은 이 대목에서 인용할 가치가 있다.

"대화란 '일'에서 나온 말에 의해 매개될 때에만 비로소 왜곡될 위험성이 없다고 본다. 반면 단순한 '말'에서 나온 일이란, '청론'과 '청담'의 예가 보여주듯이, 실상이 없는 공허한 경우가 허다하다. 문제는 일하는 사람들이 좀처럼 말하지 않는다는 것이다. ····· 가장 바람직한 대화의 공간은 일과 더불어 그리고 일과 함께 있으면서도, 일로부터 그리 멀지 않은 곳에 떨어져서 말할 수 있는 그런 사람들─이들은 역사적으로 '청교도' 또는 '시민'이라 칭했다─이 존재하는 곳에 출현한다."(김홍우, 2003, 49)

6) "천자가 천지에 제사를 지내는 것은 상도이고, 하늘에 비를 기원하는 것은 비상시의 변고에 대처하는 일이다. 고인이 말하기를, '하늘을 잘 설명하는 사람은 사람에게 징험하는 것이다.'"(《춘정집》, 제7권, "영락14년 병신 6월1일에 올린 봉사")

7) "전하께서는 정사를 보고 난 여가나 고요한 밤중 만물이 고요할 때에 《시경》의 문왕文王, 대

명大明과 《서경》의 이훈伊訓, 소고召誥, 다사多士, 다방多方 등의 편을 반복해서 읊고 몰두하여 연구해서 마치 이윤伊尹, 주공周公, 소공召公을 직접 보고 그의 말을 직접 들은 것처럼 하소서. 그러면 정신이 집중되어 성인의 경敬 공부가 날로 향상될 것이고, 따라서 천명의 터전을 닦는 것도 더욱더 엄밀嚴密해질 것입니다."(춘정집, 제6권. "영락13년 6월 일의 봉사", '基天命' 조목)

8) 대체로 5일 동안 비가 오지 않으면 보리 흉년이 들고 10일 동안 비가 오지 않으면 벼 흉년이 듭니다. 그런데 지금 열흘 동안이나 비가 오지 않았는데도 비를 하늘에 기원하는 것에 대해 의심하고 있으니, 옛날의 제도에 얽매여 융통성이 없는 것은 아닙니까? 비록 비를 하늘에 기원하더라도 꼭 비가 온다고 보장할 수 없는데, 더구나 지금 그렇게 해 보지도 않고 비가 오기를 기대하기는 어려울 것입니다(《춘정집》제7권, "영락14년 병신6월 1일에 올린 봉사").

9) 나아가 변계량은 꿈을 정치적 조언의 매개로 자주 인용하고 있는 바, 꿈을 소재로 하여 정치적 메시지를 전달하는 방식도 당시 정치의 독특성을 보여주는 사례로 볼 수 있다. 《춘정집》 전체 속에 '꿈'을 소재로 한 대목은 48회나 출현한다.

10) "孟子曰 民爲貴, 社稷次之, 君爲輕. 是故得乎丘民而爲天子. 得乎天子爲諸侯. 得乎諸侯爲大夫. 諸侯危社稷則變置. 犧牲旣成, ?盛旣潔, 祭祀以時, 然而旱乾水溢則變置社稷."(《맹자》,7b:14)

사실 이런 기능주의적 귀신관은 동양사상의 특징이다. 우공이산愚公移山의 내용이 "꾸준히 한 삽씩 파서 산을 옮기려드는 '우공'의 우직함에 산신山神은 손을 들고 그의 거처를 옮긴다"는 것이다. 또 《서경》에서 주나라 무왕이 천신天神에 고유告由하길, "이렇게 성찬으로 제사를 드리는데, 천하가 안정되지 않으면 다시는 제사를 올리지 않으리라"는 위협도, 이스라엘의 하느님(야훼)과는 전혀 다른 모습을 하고 있다. 변계량의 천신관도 이런 동양 전래의 '기능적 귀신관'을 잇고 있다고 할 수 있겠다. 그 근원은 아마 고대 동북아시아의 샤머니즘에까지 이를 것으로 생각된다. 엘리아데, 《샤머니즘》, 까지 참고.

11) 《춘정집》 제6권, "영락13년 6월 일의 봉사", '어군신御君臣' 조목.

12) 竊謂權者, 天下之所畏也. 利者, 天下之所求也. 權利之柄, 不可一日而移於下矣. 人主, 至寡也. 群臣, 至衆也. 以至衆而服役乎至寡者. 盖以權利之在乎上也, 而移之可乎. (《춘정집》 제6권, "영락13년 6월 일의 봉사", '御君臣' 조목.)

13) 한비자는 지도자는 남의 말을 들어서는 안 된다고 조언하며("신하들의 입을 함부로 놀리지 않도록 해야 한다"), 또 신하가 군주 대신 말하도록 내버려둬서도 안 된다고 지적한다.

14) 御臣之道, 愛與公而已矣. 愛則人心順, 公則人心服. 旣順且服, 於臣乎何有. (《춘정집》 제6권, "영락13년 6월 일의 봉사", '어군신御君臣' 조목.)

15) 孟子曰 "君子之於物也, 愛之而弗仁. 於民也, 仁之而弗親. 親親而仁民 仁民而愛物."(《맹자》, 7a:45)

16) 《춘정집》 제6권, "영락13년 6월 일의 봉사", '어군신御君臣' 조목.

17) "저 같은 사람은 여러 해 동안 초야에서 찌든 여생에다가 어린아이들도 짓는 하찮은 글재주를 가지고 주상 전하의 큰 은총을 받아 갑자기 양부兩府에 올라, 청아淸雅한 벼슬에다 후한 녹을 먹자 마음이 넓어지고 정신이 명랑해져 호연浩然히 바람을 타고 팔방에 노닌 것 같고 황연恍然히 날개를 달고 푸른 하늘로 올라가는 것 같으니, 실로 세상에 드문 만남이었습니다. 마음속으로 생각해 볼 때 어떻게 해야 전하의 성덕聖德에 만분의 일이라도 보답할지 모르겠습니다."(《춘정집》제6권. "영락13년 6월 일의 봉사")

18) "삼대 이후로 태평 시대로 불렸던 나라는 한漢, 당唐, 송宋뿐이었습니다."(《춘정집》 제7권, "영락17년 7월 일에 올린 봉사")

19) 子路使子羔, 爲費宰. 子曰 "賊夫人之子!" 子路曰 "有民人焉, 有社稷焉, 何必讀書然後爲學?" 子曰 "是故惡夫?者!"(《논어》, 11:24)

20) "하 · 은 · 주 삼대와 한, 당, 송이 국가를 장구하게 유지한 것은 무엇 때문이고, 육조六朝와 오대五代의 국가가 단기간에 멸망한 것은 무엇 때문이며, 고려의 왕씨가 천명을 잃고 우리 조선이 천명을 얻은 것은 무엇 때문인지 생각에 생각을 거듭하고 이모저모로 살피어, 이를 법으로 삼고 경계로 삼아 수성의 미를 융성하게 하소서."(《춘정집》 제7권, "영락17년 7월 일에 올린 봉사")

21) 樊遲問仁. 子曰 "愛人". 問知. 子曰 "知人." 樊遲未達. 子曰 "擧直錯諸枉, 能使枉者直." 樊遲退. 見子夏曰 "鄕也, 吾見於夫子而問知. 子曰擧直錯諸枉, 能使枉者直, 何謂也?" 子夏曰 "富哉, 言乎."(《논어》, 12:22)

22) 聖人於此 非勉焉而不敢廢 蓋至誠無息 自有所不能止也.(《중용》 11장); 誠者 天之道也 誠之者 人之道也 誠者 不勉而中 不思而得 從容中道 聖人也 誠之者 擇善而固執之者也(《중용》 12장)

23) "수성守成과 창업創業은 같지 않다고 하였고, 고인古人은 어렵고 쉬운 차이라고 말하였습니다. 대체로 하늘이 창업의 임금을 낼 때 반드시 수성의 임금도 내는데, 우리 태조는 창업만 하시었고 우리 전하께서는 수성만 하시었으며, 우리 상왕 전하께서는 창업과 수성을 겸하시었습니다. 창업할 때에는 진취성이 귀중하고 수성할 때에는 안정성이 귀중한데, 그 시세상 그럴 수밖에 없습니다. 바라건대, 전하께서는 신이 말씀드린 이 세 가지 중에 이미 능한 것은 그대로 존속하고 미진한 것은 힘쓰소서."(《춘정집》 제7권. "영락17년 7월 일에 올린 봉사")

24) "전하를 이제삼왕二帝三王처럼 어질고 명철하고 근면하게 만들고 싶은 것이 신의 뜻입니다."(《춘정집》 제7권. "영락17년 7월 일에 올린 봉사")

25) "특별히 이조에 명하여 사관을 동반의 청요직淸要職에 있는 관리로 고쳐 임명하되, 이를 규정으로 삼아 성대한 조정에서 문학을 숭상하고 사관을 신중히 선발한다는 의의를 밝히소서. 그러면 공도(公道)의 다행이겠습니다."(《춘정집》제7권. "영락 13년에 올린 봉사")

■ 참고문헌

《조선왕조실록》(태조 /태종 /세종 /세조)

《춘정 변계량 문집》(경산대학교 출판부)

《국역 춘정집》(1)·(2), 송수경(역), 민족문화추진회, 1998

논어/ 맹자/ 대학/ 중용/ 춘추 /한비자 / 주희집朱熹集

곽말약郭沫若, 《십비판서十批判書》, (곽말약전집 권2. '역사' 편 소수所收)

김영수, 2006. 《건국의 정치》, 이학사

와타나베 신이치로, 2002. 문정희·임대희 역, 《천공의 옥좌》, 신서원

하워드 웨슬러, 2005. 임대희 역, 《비단같고 주옥같은 정치》, 고즈윈

미르치아 엘리아데, 1992. 이윤기 역, 《샤머니즘》, 까치

쯔루미 가즈유키, 2007. 김용천 역, 《秦漢帝國 어프로치》, 동과서

김홍경a, 1991. "변계량의 경세사상 연구", 〈유교사상연구〉 4집.

김홍경b, 1991. "변계량의 철학사상 연구", 〈민족문화〉 14집.

김홍경, 2008. "관학파 유학자로서의 다산茶山", 송하경(외), 《한국유학과 열린 사유》, 심산

김홍우, 2003. "닫힌 사회와 소통의 정치", 《삶의 정치, 소통의 정치》, 대화출판사

배병삼, 2007. "유교의 리더십: 통하였느뇨?", 〈오늘의 동양사상〉, 제17호. 예문동양사상연구원

배병삼, 2005. "도학정치사상: 그 이념의 의의, 확산, 심화 그리고 변용", 강광식(외), 《한국정치사상사 문헌자료 연구(II)》, 한국학중앙연구원

신태영, 2005. "춘정 변계량의 상소문으로 본 조선초기의 제천의식", 〈인문과학〉 제36집. 성균관대학교 인문과학연구소

이원택, 2007. "법가사상과 리더십: 한비자의 경우", 〈오늘의 동양사상〉, 제17호. 예문동양사상연구원

이한수, 2001. "조선 초기 변계량의 시대인식과 권도론", 〈역사와 사회〉 권3. 27호. 국제문화학회,

"성품이 지나치게 관대하여 제가齊家에 단점이 있었고 청렴결백한 지조가 모자라서 정권을 오랫동안 잡고 있으면서 자못 청렴하지 못하다는 비난이 있었다." 그러나 "재상의 식견과 도량이 있었으며, 풍후豊厚한 자질이 크고 훌륭하며 총명이 남보다 뛰어났"으며 "일을 의논할 때엔 정대正大하여 대체大體를 보존하기에 힘쓰고 번거롭게 변경하는 것을 좋아하지 않았다." "세종이 중년 이후에는 새로운 제도를 많이 제정"하였는데 황희는 "홀로 반박하는 의논을 올렸으니 [세종이] 비록 다 따르지 않았으나 중지시켜 막은 바가 많았다." 황희는

황희의 '반대론' 리더십

수성 시대에 걸맞은 조정의 달인

"옛날 대신의 기풍"이 있었다. 《문종실록》 권12, 2년 2월 8일(임신)

이 글에서는 황희의 정치활동을 통해 그의 '재상 리더십'을 탐구해보고자 한다. 굳이 세종 시대로 한정한 것은 그가 세종대 정계에 다시 복귀하여 정승이 되었으며 세종 말년 재상으로서 소임을 다하고 은퇴했기 때문이다. 특히 세종시대 가장 큰 정책결정 과정이라 할 수 있는 공법 논쟁과 여진야인정벌 과정에서 황희가 어떤 활동을 펼쳤는지 살펴보고, 이를 통해 황희의 재상 리더십의 특징을 고찰해보기로 한다.

황희는 '청백리'에 '사람 좋은 재상'이었다?

황희黃喜1363~1452는 고려 공양왕 원년인 1389년 27세의 나이로 문과에 급제한다. 그러나 3년 뒤 고려가 망하고 조선이 건국되는 격변기를 보내면서 그는 신생국 조선에 출사하지 않고 2년여 간 야인생활을 했다. 1394년 다시 조선의 관직에 나오지만 그의 관료생활은 평탄하지 못했다. 36세 때인 1398년 간관諫官이 되었지만 직무를 태만히 했다는 이유로 지방직으로 좌천되었고, 정종이 즉위하고 나서 다시 중앙직에 복귀했지만 곧 회안군 방간의 매부인 민공생의 비리를 탄핵하다 면직되었다.

　황희는 43세 때인 태종5년(1405) 12월 지신사知申의 도승지에 오르면서부터 중앙정치에서 의미 있는 존재로 떠오른다. 그는 태종이 자신의 처남인 민씨 형제들을 제거할 때 핵심적인 역할을 하기도 했다. 그러나 양녕대군 폐세자와 충녕대군훗날 세종 세자 옹립 과정에서 반대의견을 내고 56세 때인 1418년 서인庶人이 되었으며, 교하와 남원에 유배되는 큰 정치적 불행을 겪기도 했다.1)

이 같은 황희의 삶을 살펴볼 때 그를 흔히 말하듯 '청백리'와 '사람 좋은 재상'으로만 평가할 수 없음을 보여준다. 실록에 나타나는 그는 때로 권력의 부정한 행사와 뇌물 사건 등으로 정치적 공격을 당했으며, 정책결정 과정에서 국왕에게 강력히 반대의견을 개진하기도 했다.

황희는 세종4년 2월 유배지 남원에서 다시 서울로 돌아오며 중앙 관직에 복귀한다. 그를 다시 부른 상왕 태종은 "그에게 과전과 고신告身 임명장을 다시 돌려주며 세종에게 황희를 중용하라고 부탁"한다. 태종은 과거 "황희를 특별하게 신임하여 국가의 긴요한 업무를 그에게 전적으로 맡겼"고 "하루 이틀만 보지 못하여도 반드시 그를 불러 보았다"할 정도로 황희의 능력을 높이 평가하고 있었다.2)

황희는 세종 재위 20여 년간 정승을 역임하면서 언관들로부터 여러 차례 탄핵을 당했다. 그는 "판강릉부사 황군서黃君瑞의 얼자孽子"로서 "김익정金益精과 더불어 잇달아 대사헌이 되었을 때" "중 설우雪牛로부터 금을 받아 당시의 사람들이 '황금黃金 대사헌'이라고 하였"고 "난신 박포朴苞의 아내"와 "간통"하였으며 "정권을 잡은 여

러 해 동안에 매관매직하고 형옥刑獄을 팔아" 이익을 취했다는 비난을 받았다.3)

황희는 이렇게 탄핵을 당할 때마다 사직하기를 청했다. 그러나 세종은 "경은 세상을 다스려 이끌 만한 재주와 실제 쓸 수 있는 학문을 지니고 있고, 모책謀策은 일만 가지 사무를 종합하기에 넉넉하고 덕망은 모든 관료의 사표가 되기에 족하다"며 사퇴를 허락하지 않았다.4)

세종12년 사헌부는 "좌의정 황희"가 "법을 맡은 사람과 인연하여 청탁을 공공연히 행하"였다는 이유로 탄핵했다. 이들에 따르면 황희는 "나라의 말國馬" "1천 마리"를 죽인 "감목관監牧官 태석균太石均"을 "죄에서 빼내주려고 애썼다." 사헌부는 "모든 관리의 우두머리"인 황희가 "나라의 법邦憲"을 어지럽히고 있다면서 "법에 의하여 죄를 다스려 나라의 법을 바로잡아"야 한다고 주장한다. 이에 대해 세종은 "너희들의 말이 옳다"고 사헌부의 탄핵을 수긍했지만 "그러나 대신에게 가볍게 죄를 줄 수는 없다"고 거부했다.5)

사헌부는 "고려 말년에 권력이 대신에게 있었기 때문에 대간이란 자들도 대신이 시키는 대로 따라서 옳고 그른 것이 혼란되어 그 폐해가 매우 컸다"면서 황희를 "다시는 등용하지 말라"고 청했다. 세종은 결국 황희를 파면했다.6) 그러나 황희는 10개월만에 영의정 겸 세자사부世子師傅로 승진되어 조정에 다시 복귀했다.7) 이에 대해 좌사간 김중곤金仲坤은 "염치는 인신人臣으로서 마땅히 힘쓸 바이며

탐오貪汚는 국법으로서 마땅히 징계해야 할 바"라며 황희를 "갑자기 백관의 윗머리"에 두는 것은 불가하다고 말했다. 그는 황희가 "[벼슬을] 거만스럽게 받고 뻔뻔스럽게도 부끄러워하지 않으니" "그 벼슬을 파면"하는 것이 "신민의 바라는 바"라고 주장했다. 이에 대해 세종은 "나라를 다스리는 대신을 어찌 작은 과실로 가볍게 끊을 것이겠는가"라며 "두 번 청하여도 윤허하지 않았다."8)

세종은 이때 황희의 비위사실에 대해 "간원諫員이 청하는 것이 옳았다"고 판단하고 있었다. 그러나 세종은 "의정대신議政大臣이며 태종께서 신임하시던 신하"이므로 황희에게 죄를 줄 수 없다고 말한다. "어찌 신진新進의 간신諫臣의 말에 따라 [황희를] 갑자기 끊을 수 있겠는가"라는 것이다.

세종은 옛 대신들과 비교하며 황희의 능력을 높이 평가했다. 세종에 따르면 하륜·박은·이원 등 과거의 정승들도 황희처럼 "모두 재물을 탐한다는 이름을 얻었다." 그러나 하륜은 "자기의 욕심을 도모하는 신하"이고, 박은은 "임금의 뜻을 맞추려는 신하"이며, 이원은 "이利만 탐하고 의義를 모르는 신하"인 반면 "지금 대신으로는 황희 같은 인물이 많지 않다"고 평가했다. 세종은 "정사를 의논하는 데 있어 깊이 계교하고 멀리 생각하는 데는 황희와 같은 이가 없다"는 안숭선의 말에 동의한다.9) 황희는 공법 논의 등 여러 문제에서 세종과 의견을 달리할 때가 많았지만 세종은 황희를 재위 기간 내내 신임했다.

세제개혁을 위한 대논쟁

황희, 공법에 반대하다

공법貢法은 국가가 수취하는 토지세田稅의 한 제도로서 수년간의 수확고를 통산하여 평년의 수익을 정해진 비율로 삼아 세금을 매기는 제도다.[10]

태조 이성계와 함께 조선을 개국한 정도전에 따르면 국가가 토지세를 비롯한 세금을 거두는 이유는 "민생이 편안"해지도록 하기 위한 것이다. 즉 통치자는 "법을 가지고 백성을 다스려서 다투는 자와 싸우는 자를 평화롭게 해주어야만" 한다. 그러나 "그 일은 농사를 지으면서 병행할 수는 없는 것이므로 백성은 10분의 1을 세금으로 바치"는 것이다.[11]

건국 초기 토지세를 거두는 방식은 손실답험법損實踏驗法이었다. 손실답험법은 풍흉[損實]을 직접 조사[踏驗]하여 세금을 매기는 방식이다. 손해를 감안[隨損]하여 그 손해를 보전[給損]한다는 뜻으로 수손급손법隨損給損法이라 부르기도 했다.

이 방식은 토지를 조사하는 "위관委官이란 자"가 "손損이나 실實에 대한 분별이 모두 중정中正을 잃기 때문에 농민들은 여러 날을 두고 그들을 대접하는 데 바쁠 뿐 실제로는 아무런 혜택도 입지 못하는 실정"[12]이 되고 있었다. 이는 "백성들이 그 폐해를 받아" 가家의 질서를 유지하는 물질적 기반을 무너뜨림과 동시에 국가의 세수를 감소시키는 "국가의 손실"[13]이기도 했다. 따라서 공법은 "공사公 私간에 모두 편리하여 실로 좋은 법"이며 "국가에서 새로 법을 세우는 본래의 미의美意"[14]에 맞도록 만들어야 한다는 의견이 대두되었다. 즉 공법은 국가에서 세워야 하는 법이라는 '국가의 논리'에 바탕하고 있었다.

이 문제를 가장 먼저 본격적으로 제기한 사람은 세종이었다. 세종은 재위9년 3월 "인정전仁政殿에 나아가" 과거시험문제[策問]를 내면서 정액세인 공법의 시행 가능성 여부를 물었다.

예로부터 제왕帝王이 정치를 함에는 반드시 일대一代의 제도를 마련하는 것이니, 방책方册에 살펴보면 이를 알 수 있다. [중략] 다스림을 이루는 요체는 백성을 사랑하는 것보다 앞서는 것이 없다고 하니, 백성을 사랑하는 시초란 오직 백성에게 취하는 제도가 있을 뿐이다. 지금에 와서 백성에게 취하는 것은 전제田制와 공부貢賦만큼 중한 것이 없는데, 전제田制는 해마다 조신朝臣을 뽑아서 여러 도道에 나누어 보내어 손실損實을 실지로 조사하여 적중適中을 얻기를 기하였다. 간혹 사자로 간 사람이 나의 뜻에 부합되지 않고, 백성의 고통을 구휼救恤하지 아니하여, 나는 매우 이를 못마땅하게 여겼다. [중략] 공법을 사용하면서 이른바 좋지 못한 점을 고치려고 한다면, 그 방법은 어떻게 해야 하겠는가. [중략] 다 진술하여 숨김이 없게 하라. 내가 장차 채

택하여 시행하겠노라.15)

세종은 이듬해인 재위10년 1월 정액세인 공법을 시행할 경우 "풍
년에 [세금을] 많이 거두는 걱정은 비록 면할 수 있겠지만 흉년에는
반드시 [백성의] 근심과 원망을 면할 수 없을 것"이라면서 "공법이
비록 아름답다고 하더라도" "조종祖宗께서 이미 이루어 놓으신 법을
경솔히 고칠 수 없다"며 신하들의 의견을 구했다.16)

세종에 따르면 세금이란 "많이 받으면 걸왕傑王이 되고 적게 받으
면 오랑캐처럼 되는 것"이다. 곧 "알맞음[中]"17)이 중요한 것으로 이
를 잃을 경우 전제정치[걸왕]가 되거나 무정부상태[오랑캐]에 머물게
된다는 것이다.18)

좌의정 황희는 정액세를 주장하는 세종의 의견에 절충안을 제시
한다. 황희는 공법을 도입하여 일률적으로 세금을 매기는 것보다는
"추수기마다 각 도 각 고을로 하여금 농사의 풍흉을 살펴서 3등等으
로 나누어 아뢰게 하고 이에 따라 세稅를 징수하는 것이 옳을 것"19)
이라는 의견을 제출했다. 세종의 정액세법을 인정하면서도 농사의
풍년과 흉년을 감안해 3등급으로 나눠야 함을 주장한 것이다. 여기
에 호조판서 안순 등도 동의했다.

세종은 공법의 시범 실시를 지시한다. 세종은 공법을 "1~2년 시
험해 보는 것이 옳을 것"이라면서 "신민들의 찬성과 반대 여부를
논의해 올리도록 하라"20)고 호조에 지시했다. 호조는 4개월이 지난

뒤 "공법에 의거하여 전답田畓 1결結마다 조租 10말을 거두되 평안도와 함길도만은 1결에 7말을 거두"[21]자는 공법 시행 방법을 개진했다. 그런데 호조는 세종이 지시한 '신민들의 찬성과 반대 여부'에 대해서는 언급하지 않았다.

호조가 공법 실시를 기정사실화한 채 시행방법만을 올리자 세종은 "정부·육조, 각 관사와 서울 안의 전함前銜 전직 각 품관과, 각 도의 감사·수령 및 품관으로부터 여염의 세민細民에 이르기까지 모두 가부可否를 물어서 아뢰라"고 구체적인 대상을 명시하며 전국적인 여론조사를 실시하라고 지시했다.[22] 세종은 "백성들이 좋지 않게 생각한다면 이를 행할 수 없다"[23]고 말했다.

세종은 "각 도에서 보고가 모두 도착하면 공법의 편의 여부와 답사해서 폐해를 구제하는 등의 일들을 백관百官으로 하여금 숙의熟議하여 아뢰도록 하라"고 관원들에게도 토론을 통해 의견을 제시하도록 했다.[24]

여론조사 명령을 내린 다섯 달 뒤인 재위12년 8월 호조는 공법에 대한 신하와 백성들의 의견을 광범위하게 모아 제출했다. 그 결과 전국적으로 찬성 9만 8657명, 반대 7만 4148명으로 찬성 의견이 우세한 것으로 나타났다.[25]

지역적으로는 경기·경상·전라 등 토지생산력이 높은 남쪽 지방은 찬성이 압도적이었던 반면, 평안·함길·강원 등 토지생산력이 낮은 북쪽 산간지방은 오히려 반대가 절대 우세했다.[26] "평야에 사는 백성으로 이전의 납세를 무겁게 생각하던 사람은 모두 이를 즐겨서 환영하고, 산골에 사는 백성으로 이전의 납세를 가볍게 생각하던 사람은 모두 이를 꺼려 반대"[27]한 까닭이었다.

전·현직 관원들의 경우, 찬성과 반대가 극명하게 나뉘었다. 전직 관원들은 찬성이 443명, 반대가 117명으로 공법 실시를 찬성하는 쪽이 압도적이었던 반면 현직 관원들은 찬성이 259명, 반대가 393명으로 공법 실시에 반대하는 쪽이 더 많았다.

황희는 당초 절충안을 철회하고 우의정 맹사성과 찬성 허조 등과 함께 정액세인 공법이 오히려 빈부격차를 가중시킬 것이라고 반대했다.

> 경전經傳에 이르기를 "전지를 다스리는 데는 조법助法보다 더 좋은 것이 없으며, 공법보다 더 나쁜 것이 없다"고 했습니다.(①)
> 우리 조선이 개국한 이래 조세를 거둘 적에 수손급손법隨損給損法을 제정하니, 이는 실로 고금을 참작한 만대라도 시행할 만한 좋은 법인지라 경솔히 고칠 수 없는 것입니다. (②)
> [중략] 대개 비옥한 전토를 가지고 있는 자는 거의가 부강한 사람들이고 척박한 전토를 점하고 있는 자는 거의 모두 빈한한 사람들인데 만약 호조에서 청한 공법에 의해 시행한다면 이는 부자에게 행일 뿐 가난한 자에게는 불행한 일이 되고 말 것입니다. (③)

더욱이 함길·평안도의 전지의 조세는 다른 도의 수량보다 이미 감한 것인데 여기에서 또 감한다면 만약 군병의 동원이나 큰 흉년이 있을 경우 이를 감당할 도리가 없을 것입니다. (④) 신 등의 생각으로는 실시하기 어려울 것 같습니다. 조종조祖宗朝에 이루어 놓으신 법에 의하여 전대로 시행하는 것이 편하고 유익하지 않을까 합니다. (⑤)[28]

황희를 정점으로 하는 고위관료들에 따르면 정액세인 공법을 실시할 경우 부자들만 이익을 보고 가난한 사람들은 오히려 피해를 볼 것이고(③) 국방과 흉년 대비에 문제(④)가 있기 때문에 공법의 시행은 어렵다는 것이다. 그 근거로 용자龍子가 말한 '공법 불선론不善論'(①)[29]과 '조종祖宗의 법'(②, ⑤)을 내세웠다. 황희를 비롯한 반대론자들은 공법을 실시할 경우 흉년의 경우에는 "백성들이 기근에 허덕일 것"이고 풍년의 경우에는 "국용國用이 말라버릴 것"이라고 주장했다. 따라서 "손실법을 거듭 밝혀 불평의 탄식 소리가 없도록"하는 것이 "국가의 무궁한 이익"이라는 것이다. 이들은 "백성들의 원망과 탄식"을 고려하면서 "국용의 허소虛疎 얼마쯤 비어서 허술하거나 허전함" "국용 부족의 폐단" 등 국가의 논리를 반대의 근거로 제시했다.[30]

대신 현재 실시하고 있는 손실답험법을 보완할 것을 주장했다. 손실경차관損實敬差官을 "명망名望 있는 자를 선택해 임명"하고 "각 고을 수령의 모든 잡무를 없애고 오로지 답험에 힘을 기울이게 하고 감사와 경차관은 순행하면서 이를 고찰"하도록 하며 가장 문제가 많은 손실위관損實委官은 "답험관踏驗官이라 [이름을] 개칭하고 반드시 3품 이하의 현달한 직질을 지낸 자나 과거에 합격한 자로 선택"해 임명할 것을 건의했다.[31] 즉 황희의 의견은 손실답험관의 자질을 높이고 감사활동을 강화함으로써 문제점을 보완하자는 의견이었다.

그러나 공법 실시를 찬성하는 편은 손실답험법이 "다년간의 통환通患 두루 가지고 있는 폐해"이므로 개혁해야 한다고 주장했다. 하지만 이들도 공법을 전면적으로 실시하는 것에 대해서는 유보적인 태도를 보이면서 '병행' 또는 '시범 실시'를 주장한다. 전 병조판서 조말생趙末生 등은 공법의 도입과 함께 기존 손실답험법을 병행해야 한다는 의견을 제시했다.

공법은 오늘의 현실로 보아 행함직한 것입니다. 신이 민간에서의 가부의 의논을 들으니 평야에 사는 백성으로 전에 납세를 중하게 하던 자는 모두 이를 즐겨서 환영하고 산골에 사는 백성으로 전에 납세를 경하게 하던 자는 모두 이를 꺼려 반대하고 있는데 이는 각기 민심의 욕망에서 나온 것입니다. 나라를 다스리는 길이란 마땅히 민심을 따라야 할 것입니다. [중략] 그러므로 좋다고 말하는 백성들에게는 그 뜻에 따라 공법을 행하

고 좋지 않다고 말하는 백성들에게는 그 뜻에 따라 이전대로 수손급손법을 행하소서.[32]

전 동지총제 박초朴礎 역시 "공법을 시행할 만한 전지에는 공법을 시행"하고 "공법을 시행하기에 부적당한 전지"에는 "수손급손법을 시행해 두 가지 법을 겸행"하는 '병행론'을 주장했다. 집현전 부제학 정인지鄭麟趾는 "먼저 경기京畿의 한두 고을에 시험한 다음 각 도에 모두 시행"하자는 '시범 실시론'을 주장했다.[33]

전·현직 관원들도 숫자상으로는 702명 대 510명으로 공법 실시를 찬성하는 의견이 많았는데도 세종은 "황희 등의 의논에 따르라"고 명하여 공법 실시를 유보했다.[34] 아마도 그 이유는 공법에 찬성하는 견해조차도 전면적 실시보다는 '병행론'과 '시범실시론'이 주류인데다 황희를 비롯한 최고위 관료들이 '손실답험법 보완론'으로 공법의 실시를 반대했기 때문일 것이다.

황희, 3등급 공법론을 제안하다

공법 논의는 이로부터 6년이 지난 재위18년 2월 세종이 재개했다. 세종은 "근래의 답험" 때문에 "국가의 손실"이 있음을 지적하면서 "공법을 1~2년 동안 시험하는 것이 어떻겠는가"[35]라고 신하들의 의견을 다시 물었다.

그동안 조정은 손실답험관의 선발[36]과 접대비용의 부담 문제[37],

손실답험관에 대한 포폄 문제[38] 등을 논의하고 사실과 다르게 조사한 손실답험관에게 장형杖刑[39]을 가하는 등 손실답험법의 폐해를 최소화하려고 노력했다. 그러나 대사헌 이숙치李叔畤와 찬성 신개申槩 등이 말한 것처럼 6년이 지나면서 "손실답험법이 알맞지 못함이 더욱 심하게" 된 상태였다.

석 달 후 세종은 영의정 황희, 찬성 안순, 참찬 신개, 형조판서 하연, 호조판서 심도원 등을 불러 공법 시행을 논의하도록 했다. 황희는 이틀간의 논의를 거쳐 "경상·전라·충청도를 상등으로, 경기·강원·황해도를 중등으로, 평안·함길도를 하등으로" 하여 각 도를 3등급으로 나누고 "지난해의 손실의 수와 경비의 수를 참작해서 세액稅額을 정하자"고 건의했다.[40] 이에 따라 다음 달에는 공법상정소貢法詳定所가 설치되었다.[41]

각 도를 3등급으로 나누어 정액세를 거두는 공법안은 공법이 논의되던 초기인 세종재위 10년 황희가 처음 말한 것이다. 그러나 당시 황희의 의견은 추수기마다 각 고을에서 풍흉을 보고하게 하여 정액세를 내도록 하는 방안이었다. 황희는 이제 공법 실시 원칙론에 찬성하면서 각 도를 3등급으로 나누는 공법안을 제시했다. 이는 매년 고을 조사를 통해 정액세를 내는 것이 아니라 각 도를 3등급으로 나눠 정액세를 내도록 하는 방안이란 점에서 보다 공법에 가까웠다. 황희는 이무렵 손실답험법의 폐해가 더욱 커진 데다 세종이 공법 실시에 일관된 입장을 보이자 그 영향을 받은 듯하다.

이후 공법 실시를 놓고 구체적인 방안이 논의되었다. 의정부 참찬 하연河演은 각 도를 상중하 3등급으로 나누고 토지의 등급과 "풍흉과 재해의 유무를 시찰"해 각 도마다 상상上上에서 하하下下까지 토지 1결당 최고 22두에서 8두까지 1두씩 감해 27단계로 과세하는 방안을 제출했다.[42]

그러나 황희는 하연의 의견에 반대한다. 그는 "중전中田의 소출이 상전上田에 미치지 못하고 하전下田의 소출이 중전에 미치지 못하는데도" 일률적으로 1두씩 감해 세금을 거두는 방식은 "세정稅政이 중정中正을 잃게 되는 것"이며 "풍흉을 보아 조세를 거두고 등급을 매겨 매년 이를 고치게 되면 정실에 흘러 임의로 가감한다는 원망이 답험할 때와 다름이 없게 되어 그 이름만 [공법으로] 고쳤을 뿐 옛 그대로 되고 말 것"이라고 반대했다.[43]

4개월 후 의정부는 호조의 시행방법에 기초해 풍흉에는 관계없이 각 도를 상중하 도로 나누어 상등도上等道의 상등전上等田부터 하등도의 하등전下等田에 이르기까지 토지 1결 당 18두에서 10두로 차별을 두어 수세하는 9단계의 정액세법을 제출했다.[44] 이 안은 의정부의 수장인 영의정 황희가 주장한 3등급 공법론을 세분화한 것이다.

의정부는 이 정액세법이 "옛날 10분의 1을 징수하던 법과 건국 초기 수세하던 수량과 비교해도 크게 가벼운 편"으로 "이 법이 한 번 세워지면 사람들이 모두 조세 바치는 수량을 미리 알아서 스스로 바치게 될 것이며 한 사람의 관리에게 명령을 내리거나 한 장 종이의 글을 허비하지 않더라도 세법은 만세에 시행될 것"이라 주장했다. "멀리는 옛날의 제도를 상고하고 가까이는 시의時宜를 살펴서 여러 해의 중간을 비교하여 일정한 법"을 만든 것이라 말했다.[45]

그러나 의정부는 6개월 후인 재위19년 4월 "이제 정한 세수稅數도 혹 미진함이 있으니 호조로 하여금 다시 참작을 더하여 공사公私가 편리하게 시행"[46]하자고 건의한다. 이에 호조는 다시 3개월 후 수전水田 논과 한전旱田 밭을 나누어 각각 조미糙米 현미와 황두黃豆 콩로 과세하며 세금 기준을 다소 올린 방안을 제출했다.[47] 이는 의정부의 방안이 너무 가벼운 세액으로 책정된 것을 수정한 것으로, 호조는 "옛날 10분의 1을 받는 법과 비슷"하게 되었고 "개국 초기의 수세하던 수량보다는 많이 가벼운 것"[48]이 되었다고 평가했다.

그러나 공법은 시행되지 못했다. 황해도 감사가 공법 시행을 보류할 것을 건의한 데 이어 함길도·평안도·경상도 등에서도 흉년을 이유로 답험법으로 돌아갈 것을 건의하는 등 반대가 많았기 때문이다.[49] 심지어 "경중과 외방에서 인심이 흉흉하여 이 법을 좋아하지 않고 신문고申聞鼓를 치면서 상언하는 자까지 있다"[50]는 보고까지 올라왔다. 이에 도승지 신인손辛引孫은 "우선 공법을 정지하자"고 했다.

세종은 "이미 정한 것을 경솔하게 고치지 못할 뿐이다"며 법령의 잦은 변화에 따른 혼란을 염려하면서도 "[그러나] 억지로 공법을 행하게 되면 백성이 혹은 유리流離되고 혹은 사망하는 자가 있을까 참으로 염려되니, 마땅히 대신들과 이를 의논하라"고 지시했다. 세종은 "이 법공법을 갑자기 실행하기는 어려울 것 같다"는 쪽으로 기울고 있었다. 그러나 세종은 "당초에 대신들과 더불어 물어서 정한 일이라 나 혼자 마음대로 할 수 없으니 공법제조貢法提調에게 의논하여 아뢰라"고 지시했다.[51]

공법제조들의 의견은 두 갈래로 갈렸다. 영의정 황희는 이조판서 하연과 함께 "우선 전례대로 경차관을 보낼 것"을 주장했다. 반면 찬성 신개와 판중추 안순은 "이미 시행된 것을 경솔히 고칠 수 없다"고 주장했다. 세종은 "제조들의 의논이 같지 않으니 정부와 육조가 함께 의논하라"[52]고 논의를 확대했다.

신하들의 의견은 "시행해야 한다"는 참찬 최사강崔士康의 '강행론'에서부터 "금년만은 우선 정지하자"는 우의정 노한과 판서 황보인의 '보류론', "경차관을 각 도에 보내 각 고을의 풍흉을 보고, 공법의 차등을 보아서 조세를 거두자"는 참찬 조계생趙啓生의 '절충론', "영구히 시행할 수 없다"는 판서 권제의 '폐지론'에 이르기까지 다양한 논의가 펼쳐졌다.

세종은 "공법은 옛일을 상고하고 지금을 참작해서 대신들과 더불어 의논하여 정한 것이고 본래 백성들에게 편리하게 하고자 한 것"이었지만 "내가 부덕不德하여 20여 년을 왕위에 있으면서 일찍이 한 해도 풍년이 없었고 해마다 흉년이 들었는데 뒷세상의 풍년도 기약할 수 없으니, 이 법은 단연히 시행할 수 없겠다"고 물러섰다. 결국 세종은 "각 도의 조세는 공법을 버리고 예전대로 손실법損實法에 의하여 민생에 좋도록 하게 하라"는 전지를 내렸다. 세종은 "그러나 이 법을 이미 정해서 전국에 반포했으니 후세의 자손이 필시 행할 때가 있을 것"이라는 단서를 달았다.[53)]

세종은 공법 실시에 대한 의지를 끝내 버리지 않았다. 세종은 1년 후인 재위20년 7월 "[공법의] 법제를 이미 제정하여 백성들도 익히 알고 있는 터"라면서 "경상·전라 양도의 백성들 가운데 공법의 시행을 희망하는 자가 3분의 2가 되면 우선 이를 양도에 시행"하겠다고 천명했다. 그러나 세종은 이때도 자신의 의견을 강제하지 않고 "내 마음은 반드시 이 법을 시행하려는 것도 아니니 경들은 이 법의 이해利害를 잘 알아서 속히 의논하여 아뢰도록 하라"[54)]고 신하들의 의견을 수렴했다.

영의정 황희를 중심으로 다수의 관원들은 세종의 의견에 반대했다. 그 이유는 첫째, 다른 도의 백성들이 공법을 원하지 않는데 경상·전라 두 도에만 실시할 경우 형평성의 문제가 발생하며 둘째, "백성들이 법제상의 이해를 어떻게 분명히 알고 취사선택할 수 있겠는가"라는데 집중되었다. 따라서 "조관朝官을 보내어 민정을 자세히 살펴서 서서히 논의를 정"해야 한다는 것이다.

그러나 국가재정을 책임지고 있는 호조는 공법의 시범 실시를 적극적으로 찬성했다.[55)] 호조판서 심도원沈道源은 "대저 인정이란 새 법엔 겁을 내는 법"이라면서 "이는 새 법이 아니고 특히 고제古制를 되찾으려는 것뿐이니, 하필 다수多數를 따를 것이 무어 있습니까. 우선 양도에 이를 행하여 시험하시는 것이 어떠합니까"라고 했다. 호조참판 우승범禹承範도 "손실답험損實踏驗은 많은 착오를 가져왔다"면서 "경상·전라 양도에 이 공법을 세우고 수년간 시험하여 민정의 반응을 보도록 하소서"라고 진달進達 말이나 편지를 받아서 올림했다. 이에 세종은 "논의가 일치되지 않으니, 모름지기 다시 귀일歸一 합쳐짐을 본 연후에 결정할 것이다. 내일 다시 의논하도록 하라"고 말했다.[56]

이튿날 논의에서는 일부 관원들이 세종의 입장으로 돌아선 가운데 우승범·안숭선 등이 "대사를 도모하는 자는 여러 사람과 더불어 모의하지 않는다 합니다"라면서 "우선 앞서 정한 법을 전라·경상 양도에 시험하소서"라고 말했다. 세종은 경상·전라 양도에 공법을 시험 실시하라고 지시했다.[57]

세종은 공법 실시에 대해 즉위 초부터 관심을 가지고 있었음을 나타냈다. 세종은 재위21년 5월 "내가 공법을 행하고자 한 것이 이제 20여 년이고, 대신들과 모의謀議한 것도 이미 6년이다"[58]라고 말했다. 그러나 호조의 일부 관원들을 제외하면 '다수'의 관원들은 여전히 공법을 반대하고 있었다.

사간원은 "백성은 나라의 근본이며 먹는 것은 백성의 하늘이니 백성에게 취하는 제도가 만일 혹시라도 중도中道를 잃으면, 백성이 그 폐단을 받는 것"이라면서 공법을 폐지하고 "조종祖宗의 성헌成憲 성문헌법"인 손실답험법으로 환원할 것을 주장했다. 세종은 "지금 큰

법을 세우고자 하는데 너희들이 어찌 이렇게 번거롭게 청하는가"라고 윤허하지 않았다.[59]

일부 백성들도 공법 실시에 반대했다. "경상도 주민 1천여 명은 등문고登聞鼓를 쳐서 공법의 불편을 아뢰고, 답험손실법으로 회복"을 요구하기도 했다. 세종은 이를 윤허하지 않았다.[60] 세종은 다수가 반대하는데도 오히려 재위23년부터 충청도에까지 공법을 확대했다.[61]

공법 실시로 국가의 세수稅收는 다소 늘어난 것으로 보인다. "공가公家의 수입이 전에 비해 조금 많아졌다"[62]는 것이다. 이 때문에 세종은 "공법을 세운 것은 백성들로 하여금 편하게 하려 한 것이나 백성들이 나를 보고 세금을 가혹히 징수한다고 여길까 염려"[63]할 정도였다.

세종, 공법 실시를 강행하다

영의정 황희는 공법을 실시하려는 세종에 대해 반대 입장을 견지했다. 그는 재위18년 한때 3등급 공법론으로 돌아서기도 했지만 줄곧 공법 실시에 중요한 반대자였다. 그는 "공법을 시험한 지 3년"이 된 재위22년 "[공법을] 싫어하는 자가 많은 편"이라며 "위관委官이 손실損實을 정확하게 조사하는 제도를 엄하게 하고, 조종祖宗 때부터 마련한 수손급손隨損給損의 성헌成憲대로 하는 것이 어떠합니까"라고 제안하면서 "국가에서 제도를 정하여 조세를 거두던 본디

뜻"을 강조했다.[64] 손실답험법으로 환원을 주장한 것이다.

황희의 의견은 세종에게도 큰 압력이었다. 세종은 "공법을 설정한 것은 백성을 편하게 하려 함인데 황희는 혁파하기를 청하고, 신개는 실행하기를 청한다"면서 "두 의논이 같지 아니하므로 좇을 바를 알지 못하여 나도 역시 결단할 것을 알지 못하겠다"[65]고 토로했다.

이에 세종은 공법이 시험 실시되고 있는 전라·경상·충청도 관찰사에게 각각 전지를 내려 "여러 사람의 일치하지 못한 말에서 지당한 하나의 결론을 듣고자 한다"면서 "각 고을 수령들과 여러 사람의 뜻을 참작하고, 자기의 의견도 합하고, 각기 경내 인민의 바라는 것과 두 가지 법 가운데에 행해서 폐단 없는 것과 마땅히 행할 수 있는 조건을 다시 생각하고 의논을 더하여 밀봉해서 아뢰라"고 의견을 구했다.[66]

세종은 공법 실시 강행으로 마음을 굳힌 것으로 보인다. 세종은 공법을 반대하는 황희와 찬성하는 신개 등 주요 관원들을 부른 자리에서 공법 실시를 기정사실화한 채 공법을 시행할 경우 필요한 양전量田의 문제와 풍흉을 9단계[年分九等]로 나누고 토지생산력에 따라 전지田地를 5단계[田分五等]로 나누어 징수하는 문제 등을 논의한 뒤[67] 호조를 통해 "중외中外 조정과 민간에 효유曉喩 깨달아 알아듣도록 타이름를 하라"[68]고 지시했다.

황희는 자신의 의견이 채택되지 않은 상황에서 세종에게 "직책을 해면해 달라"고 사직을 요청한다. 그는 "신이 일신一身을 돌아보건대 참으로 취할 것이 없는데도" "인원을 채워 구차하게 녹만 먹고 있으니 참으로 황공"하다고 불만을 표현했다.[69] 세종은 윤허하지 않았다.

후속된 논의에서 세종은 전지의 구분을 다시 6단계[田分六等]로 할 것을 관철했다.[70] 결국 공법은 풍흉을 기준으로 상상년上上年부터 하하년下下年까지 9단계로 나누어 상상년의 경우 1등전부터 6등전까지 30두斗에서 7두5승升까지 세금을 거두는 '연분구등年分九等 전분육등田分六等' 방식이 확정됐다. 상상년에 매기는 세금을 100으로 간주했을 때 상중년부터 하하년까지 단계별로 10%씩 세금을 줄여 90%~20%까지 세금을 받도록 했다.[71] 황희는 "구등연분九等年分은 절목이 복잡"[72]하다는 의견을 제시했으나 세종은 이를 받아들이지 않았다.

공법은 많은 문제점을 드러낸 것으로 보인다. 집현전 직제학 이계전李季甸은 "[공법을] 시험한 지 수년에 백성의 원망과 탄식이 날로 깊어"지고 있다고 상소했다. 그에 따르면 "재해를 입은 밭에 수확이 하나도 없는데도 세는 [정해진 대로] 모두 바쳐야 한다"는 것이다. 세종도 "공법의 폐단은 이계전이 말한 것이 사실이다"라고 인정했다. 하지만 세종은 "공법을 세워서 후세로 하여금 오히려 유지하고 따를 것이 있게 하지 않을 수 없다"고 자신의 의견을 굽히지 않았다.[73]

세종은 백성들이 좋아하고 싫어함에 따라 법을 변경하는 것은 옳지 못하다는 생각을 가지고 있었다. 세종은 법가法家의 대표적인 정책가인 상앙商鞅을 언급하며 법의 일관성을 강조하기도 했다. 세종은 "법을 세우는 것은 백성에게 미더움을 나타내는 것인데 어찌 백성이 좋아하거나 싫어한다 하여 다시 변경하겠는가"라며 "옛적에 (상앙이) 삼장지목三丈之木을 세워 놓고 백성에게 신용을 보인 일"을 언급했다.[74] 삼장지목의 일이란 진나라 상앙이 법치를 확립하기 위해 남문의 세 길에 달하는 나무를 북문으로 옮기는 사람에게 상금을 주겠다고 하자, 사람들이 의심하여 옮기지 않았는데 어떤 사람이 이를 옮기자 상금을 준 고사故事를 말한다. 세종은 법을 세우면 어떤 일이 있어도 백성들에게 신뢰를 주어야 함을 말한 것이다.

세종은 "내가 백성에게 많이 받아서 국가의 경비를 풍부하게 했다고 여기느냐"면서 "손실법이 적중하지 못하여 백성의 원망이 많기 때문에 공법을 시험하여 손실법의 폐단을 없애고 민생을 편리하게 하고자 했을 뿐"[75]이라 강조했다.

반면 황희는 "새로 번쇄한繁居로운 법을 만들 필요가 없다" "또 다시 성헌成憲을 고치는 것도 옳지 않다"[76]는 입장을 가졌다.

여진정벌 논쟁

신중한 정벌론을 내세운 황희: 1차 정벌

조선의 북쪽 지역과 만주에 살고 있는 야인野人은 고려 중기 중국을 차지한 금金나라의 후예로 후일 청淸나라를 건국하고 다시 중국을 점령하게 되는 여진족을 말한다. 조선 건국 당시 이들은 오도리吾都里, 올량합兀良哈, 올적합兀狄哈 등 여러 부족으로 흩어져 살며 명과 조선에 토산물을 바치고 하사품을 받는 한편 때로는 명과 조선의 변경을 침입하여 농민들을 납치하고 곡식을 약탈했다. 명과 조선은 두만강 유역의 야인들을 자기의 관할권 안에 두고자 서로 각축을 벌이기도 했다.[77]

세종원년 대마도 정벌 이후 왜구의 침입은 줄어든 반면 "야인들은 추수 때를 당하면 자주 와서 침구侵寇 침입하여 노략질함"[78]하여 세종 재위 중반에는 왜구보다 더욱 큰 대외문제가 되었다. "남방으로 말하면 왜구가 빈복賓服 작은 나라가 큰 나라에 공물을 바치고 복종하여 방어를 약간 늦추었으나, 북방으로 말하면 야인의 형세가 항복한 듯하나 마음으로 성심껏 복종하지 아니하고 있으니 방어가 가장 긴요하고 절실하다"[79]는 말은 이런 사정을 나타낸다. 이에 세종 재위15년과 19년 두 차례에 걸쳐 야인을 정벌했다.

당시 여진족 사회는 농업이 발달하기 시작하여 농경에 익숙한 중국인이나 조선인을 잡아와 농경노비로 부리는 일이 잦았다. 잡혀간 농경노비들은 지역적으로 가까운 조선으로 도망하였고, 조선은 이들이 "중국에 관계된 자이면 즉시 중국으로 돌려 보냈"[80]다. 야인들은 조선에 도망한 노비들을 자기들에게 돌려줄 것을 호소하며 항의했다.[81]

이런 가운데 재위14년 12월 9일 평안도 감사로부터 "야인 400여 기騎가 여연閭延의 경내에 쳐들어 와서 사람과 물건을 표략擄掠남을 협박하여 빼앗음"하여 "우리 전사자가 13명, 적의 화살에 맞아 부상한 자가 25명"이라는 보고가 올라왔다.[82] 세종은 "크게 노하여" "그자들을 끝까지 추격하지 못한 것은 중국의 국경을 마음대로 넘어갈 수 없기 때문이니 이러한 뜻을 황제에게 주문奏聞아룀이 어떠할까" 신하들과 논의했다.

황희는 조말생, 최사강 등과 함께 "여진이 내침來侵하였을 때 우리 군사가 비록 중국 땅까지 뒤쫓아 들어갈지라도 이는 방어하기 위한 것"이므로 "거병擧兵하여 입경入境할 때에 미리 황제께 주달奏達함이룀은 타당하지 못하"다고 말했다. 반면 맹사성·권진 등은 "황제에게 주문함이 편하겠다"는 의견을 냈다.[83]

세종은 "[황제에게] 주문함이 어떻겠느냐"고 물었으나 황희는 허조와 함께 "홀자온忽刺溫이 [실제로 저지른 일인지] 허실을 안 연후에 주문해도 늦지 않다"고 반대한다. 반면 신장·김익정·성엄 등은 "적들의 모략은 헤아리기 어려우니 뒷날에 다시 이러한 변이 있게 될지 어찌 알겠습니까"라며 "곧 주문하는 것이 편하겠"다고 말했다. 세종은 "빨리 주문하는 것이 상책"이라 하여 "인장을 누르니" 이미 "밤이 사경[四鼓]이나" 되었다.[84]

명에 보낼 주문에는 과거 "태종 문황제"가 "[야인들이] 무례한 짓을 한다면 용서하지 말 것"을 말한 사실을 언급하고 "성지聖旨의 뜻을 따라 형세에 마땅한 대로 [야인들을] 좇아 대응하여 쫓아가 잡도록 허락하시면 온 나라가 매우 다행이겠다"[85]는 내용을 담았다.

그러나 명에 보내는 주문에 대해 "전일의 의논에 참여하지 못했"던 신상申商·정초鄭招 등이 강력히 반대했다.

저 사람들이 우리의 강토를 침범하였으니 문정門庭에 들어온 도적입니다. 방책을 잘 써서 이를 막아야 할 것이며 변장邊將된 자는 마땅히 군사를 정비하여 토벌하여야 마땅한 것입니다. 어찌 [황제의] 교명教命을 기다린 연후에 이를 제어하겠습니까. 이는 예나 지금이나 수어守禦 밖에서 쳐들어오는 적의 침입을 막음하는 바의 공통된 법입니다. 더군다나 태종 황제가 선유宣諭 황제의 말을 백성에게 널리 알림한 성지聖旨가 밝게 있어 상고할 만한데, 하필이면 황제에게 다시 주문할 필요가 있습니까.(①)
황제가 야인들에게 매양 금은金銀과 채단彩段 비단을 내려 주고 그 위에 작명爵命을 더 주어서 어루만지고 애호하는 뜻이 현저하니 이로써 보면 우리의 청請을 들어줄지의 여부도 기필期必할 수가 없습니다. 과연 허락을 얻는다면 온 나라의 다행이지만 만일 분명한 허락이 내리지 않는다면 한갓 무익할 뿐만 아니라 도리어 해가 됩니다.(②)
신 등은 생각하건대 아직 이 주문奏聞을 정침停寢 일을 하다가 중도에서 그만둠하시고, 병기를 다듬고 군졸을 훈련하셨다가 만일 적변賊變

이 있게 되면 힘을 다하여 추격하여 물리치되, 비록 강을 건너가 시살厮殺 싸움터에서 마구 침했다 하더라도 반드시 [명나라에] 죄과罪過가 없을 것입니다.(③)86)

이들은 야인의 침범은 '군사를 정비하여 토벌'하여야 할 일이지 황제에게 주문할 필요가 없으며(①), 야인들에 대해 온건책을 취하고 있는 명 황제가 토벌을 "허락"하지 않으면 오히려 외교관계가 더욱 어려워지는 결과(②)가 되며, 따라서 주문하지 말고 적을 물리칠 것(③)을 말했다.

세종은 "동북東北의 야인은 본국의 경계와 연접되어 끝까지 추격하여 많이 죽이더라도 괜찮지만 서북西北 야인은 본국조선과 큰 강으로 둘러져 막혀 국경의 분계分界가 명백하고 또한 중국에 가까워 내 마음대로 추격하여 잡는 것이 의義에 미안하지 않을까 두렵기 때문에 주달奏達하여 뒷날에 변명하여 대답할 것을 준비코자 한 바"라고 말했다.

이에 대해 황희는 권진, 허조, 신장 등과 함께 세종에게 "똑같은 야인인데 황제가 어찌 동북·서북이라 하여 다르게 하겠습니까"라며 "태종 황제의 성지가 어찌 홀로 동북 야인에게만 통하고 서북 야인에게는 통하지 못할 리가 있으며, 또한 어찌 옛날에는 통하던 것이 오늘날에는 통하지 않겠습니까. 청컨대 전하께서는 의심하지 마십시오"라고 했다. 이에 세종은 "경들의 말이 과연 옳으니 내 어

찌 억지로 주문하겠는가"라며 따랐다.87)

재위15년 1월 11일 마침내 세종은 야인들에게 "군사를 베풀어 무위武威 무력의 위세를 보이려 한다"는 뜻을 나타냈다. 황희는 이전까지 "이 무리들은 오합지중烏合之衆이라 제어制御하기가 매우 어렵고, 또 입술이 없으면 이가 시리다는 것을 옛 사람이 경계한 바입니다. 앞에 있는 야인을 치면 뒤의 깊은 곳의 야인이 와서 붙들어 주고 원조하여, 힘을 합하여 싸울 것이매 반드시 후환이 있을 것"88)이라는 신중론을 폈었다. 그러나 이때 세종의 말에 황희는 "군대를 훈련하여 무위를 보이는 것이 마땅하다"고 세종의 의견에 힘을 실었다. 반면 이조판서 허조는 "아직 그대로 두고" "경계를 굳게 지켜서 침범하거든 방어하고, 투항하거든 허락하는 것이 편하다"고 반대했다.89)

세종은 "대병大兵을 일으켜서 남김없이 소탕하려는 것은 나의 본의가 아니"라면서도 "도적이 와서 침략하고 갔는데 우리가 앉아서 평안히 그 욕을 당하고 한번 가서 문책하지 아니한다면, 저들이 반드시 우리를 가볍게 여겨 매번 와서 침노할 것"이라 하여 야인정벌에 나설 결심을 말한다.90)

야인정벌 찬성론이 조정 내에서 다수는 아니었다. 세종은 "파저강 야인토벌"에 대해 "대신에게 시험하고자" "비밀히 의정부·육조·삼군도진무 등에게" "[야인들을] 접대할 방법과 죄를 성토할 말과 토벌할 계책 등"을 각각 진술하게 하였다. 여기에는 22명의 신하들이 다양한 의견을 개진했다. 야인정벌에 찬성한 이는 영의정 황희를 비롯해 형조판서 정흠지·호조참판 심도원 등 5명뿐이었다. 좌의정 맹사성·이조판서 허조·호조판서 안순·찬성 노한 등 다수의 관원들은 반대하거나 유보적인 태도를 보였다. 세종은 찬반 의견을 살펴본 뒤 "밀봉하여 발표하지 말고 깊이 생각하여 결정"했다.

신하들이 야인정벌에 반대하는 이유는 대체로 다음과 같은 이유로 요약된다. 첫째, 성공하기 어려운 정벌이다. "저들의 땅이 산수가 험조險阻하고 지세가 가파르거나 험하여 막히거나 끊어져 있고, 수목樹木이 무성하고 빽빽하며 본디 성곽이 없고 산골에 흩어져" 있기 때문에 "성공하기 어려울까 두렵"다. 둘째, 역습을 받을 수 있다. "[야인들의] 종류가 많아서" "저들이 단결하여" "공모하고 내침하는 후일의 근심"이 있다는 것이다. 셋째, 성공한다 하더라도 명나라가 추가 정벌을 요청하는 "의외의 염려"가 있을 수 있다. "양목답올楊木答兀은 중국에 죄를 지어" 명나라는 "[현재] 내버려두고 있으나 토벌할 마음을 잠시도 잊지 않고" 있으므로 "우리나라가 군사를 써서 승리했다는 것을 듣고 [양목답올을] 치기를 명한다면" 피하기 어렵다는 것이다. 넷째, 군사정벌은 경도經道 가까운 길가 아니다. 즉 "오랑캐를 대하는 도리는 수비하는 것을 근본으로 삼고 공벌을 먼저 하지 않는 것"으로 "안으로 침노하거든 공격하고 도망쳐 가거든 쫓지 않는 것"이 "고금의 좋은 계책"이다.[91]

반면 정벌을 찬성하는 의견은 '화친'의 전략이 "일시의 편함을 도모하는 계책이지 대대로 영구히 편히 할 좋은 계책은 아니다"는 데 집중되었다. 즉 "대요大要는 정벌과 화친 두 가지"인데 "야인들이 변민邊民을 침해한 적이 오늘처럼 참혹한 때가 있지 않았으니 이를 놓아두고 베어 죽이지 아니하면 반드시 업신여길 것이므로 마땅히 그 죄를 토벌해야 할 것"이다. 공조우참판 이긍은 "기해년 동정東征한 이후로" "왜인들이 위엄을 두려워하고 은덕에 감복하여 조공을 바치고" 있으니 "이는 우리나라가 이미 경험한 뚜렷한 효력"이라 강조했다.

황희는 "태종문황제太宗文皇帝의 선유宣諭한 성지聖旨에 의해서 죄를 묻고 토벌하여, 편히 살지 못하게 함이 가하다"고 정벌을 제안한다. 그러나 "만약 군사를 일으켜 칠 수 없다면 더욱 무비武備를 엄하게 하고 변경을 굳게 지켜서, 저들이 와서 변경을 침범하거든 추적하여 잡는 것도 가하다"는 신중론도 제기했다.[92]

세종은 "군사를 일으키려면" "마땅히 크게 일으켜 토벌"할 것을 말했다.[93] 정벌 과정에 필요한 병장잡물兵仗雜物의 수량과 토벌 전략 등은 모두 황희의 논의에 따랐다.[94] 그러나 황희는 정벌에 원칙적으로 찬성하면서도 시기를 조정할 필요가 있음을 제기한다. 그는 "정벌하는 날 병변兵變이 있음을 들으면 산에 올라가서 숨을 것이니, 신은 이익보다 손해가 많아서 노고만 있고 공功이 없으면 저 도적들에게 웃음을 당할까 두렵습니다"라면서 "얼음이 얼기를 기다

리는 것이 어떻습니까"라고 말한다.95)

이조판서 허조도 야인정벌의 유보를 주장한다. 그는 "큰비를 만나서 강물이 넘치면" "일이 순조롭지 못하고 도리어 해가 있을까 두렵다"면서 "겨울을 기다려 얼음이 언 뒤에" "나라의 부끄러움을 씻을 것"을 말했다. 그러나 세종은 "큰비는 6, 7월 사이에 있는" 것이며 "의심하는 생각으로 결단하지 못하면 어느 때에 군사를 발하여 큰일을 이룩하겠는가"라며 일축했다.96)

세종은 명나라와의 외교적 문제를 해결하기 위해서도 4월이 적기라고 말한다. 즉 "야인들이 노략질한 때가 오래지 않았으므로 쫓아 쳐서 탈취해 돌아오면 황제도 잘못이라 아니할 것인데, 만약 후일을 기다려서 군사를 일으켜 중국의 경계를 넘어 들어가면 황제가 반드시 우리나라를 그르다고 할 것이다"97)는 것이다. 이어 세종은 "야인을 토벌하는 일을 종묘와 사직에 고하였다."98) 세종은 "군사를 씀은 제왕이 신중히 하는 바"이지만 "은나라 고종高宗은 3년 동안의 전쟁을 치렀고, 주나라 선왕宣王은 6월에 군사를 일으켰다"면서 "백성을 해롭게 하고, 국가의 근심이 되"는 것을 없애기 위해 군사를 일으키는 "부득이한 것"이라 선언했다.99)

이 과정에서 주목할 것은 세종의 행동이다. 세종은 야인정벌을 앞둔 3월 25일 돌연 "온수현溫水縣 온천으로 행차"100)하였다. 이 행차에는 "왕세자 이하 종친·부마 및 의정부·육조·대간 등에서 각 한 사람"과 "도진무都鎭撫와 각 위衛의 절제사, 사복제조 등이 호종輩從 임금이 탄 수레를 호위하여 따름"하였다.101) 세종은 수원, 진위, 직산, 천안을 거쳐 3월 28일 "온정에 하연下輦"하였다.102) 세종이 다시 도성으로 돌아온 것은 한 달 가까이 지난 4월 23일이었다.103) 야인정벌은 세종이 도성을 비우고 온천에 있을 때 진행되었다.104) 아마도 세종은 야인정벌 정보가 새어나가는 것을 막기 위해 비밀전술의 일환으로 온천행을 택한 것으로 추정된다. 야인정벌 기간 중 서울에서 정벌을 지휘하는 최고사령관이 영의정 황희가 된 셈이었다.

제1차 정벌은 이만주의 세력을 괴멸시키지는 못했지만 상당한 효과를 거둔 것으로 보인다. 세종은 "야인들이 중국은 두려워하지 않는데 우리나라를 두려워하는 것은 야인들이 중국의 경계에 날뛰어 변민邊民을 노략한다 할지라도, 중국에서는 이를 도외시하고 군사를 일으켜 죄를 토벌하지 않기 때문"105)이라고 평가했다.

정벌 불가론의 황희, 소외되다: 2차 정벌

야인 정벌 후 조선 조정은 야인들을 대처하는 방법으로 강온 양면의 정책을 폈다. "변경의 방어는 평상시라도 응당 준비하여 굳게 지켜야 할 것"106)을 논의하는 한편 "임시로 후하게 대접하는 뜻에 좇아"107) 진상품을 받고 하사품을 내리기도 하였다.

황희는 야인들을 대우하는 방법으로 강경론을 펼친다. 그는 국경 근처의 사람들이 야인들과 사적으로 왕래하는 것을 엄금하고, 귀순하는 야인들은 두령 되는 자만을 오게 하되 연간 40~50명을 초과하지 못하게 하라는 의견을 냈다.[108] 황희는 야인들이 변경지방으로 이주하는 것의 허가여부에 대해 "오랑캐를 친근하게 하여 스스로 화란禍亂을 끼치는 일을 옛사람이 깊이 경계하였다. 비록 혹시 성심으로 간청하여 올지라도 마침내 허락할 수 없다"고 말했다.[109]

세종은 야인들을 대처하는 방법으로 '권도權道'를 써야 한다고 말한다. 권도는 경도經道 혹은 상도常道와 대칭되는 개념으로, 늘 올바른 원칙이 '경도' 혹은 '상도'라면 원칙에 얽매이는 것이 아니라 때에 알맞도록 행동하는 것을 뜻한다. 형수의 손을 잡는 것은 예禮가 아니지만 형수가 물에 빠졌을 경우 손이 아니라 머리채를 잡아서라도 끌어내야 한다는 유명한 '맹자'의 말이 권도의 한 예다. 세종은 "내 생각으로는 비록 천하를 다스리는 임금으로서도 야인을 대하기를 권도로서 할 것"[110]이라고 말했다. 세종은 야인 회유책으로 "국경에서 우거寓居한 임시로 몸을 부쳐 산 지 이제 6, 7년"이 되는 야인에게 "재상의 직무"에 해당하는 "2품 벼슬"을 주면서 이를 '권도'로 정당화 했다. "관직을 제수하여 유인하는 것은 부당하다"는 신하들의 반대 의견에 대해 세종은 "제왕이 이적夷狄을 대접하는 데에는 정상한 방법도 있고 권도의 방법도 있다"면서 자신의 의견을 관철시켰다.[111]

그러면서도 세종은 "허술한 기회를 타서" "옛 강토를 회복하여" "조종의 법을 잇고자"[112] 하는 생각을 가지고 있었다. 세종은 재위

18년 6월 교지를 내려 야인을 "제어하는 계책"에 대해 "4품 이상" 관원에게 "봉장封章 상소"을 올리게 했다. 여기에는 무려 "97명"의 관원이 참여했다.[113]

대부분의 관원들은 "다시 거사"하는 것은 "국가에 무익하다"고 주장한다. 이들은 "제왕들이 오랑캐를 대하던 도리를 본받아 [야인들이] 귀순해오면 이를 어루만지고 가거든 추격하지 않음이 우리의 비변책備邊策"이라고 말한다. 이들에 따르면 이것이야말로 "이적夷狄 제어하는 대도大道"이며 "먼 곳의 사람을 복종케 하는 방법은 덕에 근본해야" 하는 것이다.

반면 일부 관원들은 "지금 조정의 논의가 오로지 덕의德義로만 [야인들을] 복종시키고자 하나" "우리는 항상 덕의를 써서 은덕만 너그럽게 베풀고 저들은 항상 음흉을 다하여 독을 자행"하도록 내버려두는 것은 안 된다고 주장했다. 이들에 따르면 "강계疆界 나라의 경계를 지키면서 침략해오면 이를 방어하는 것은 구도寇盜 도둑를 제어하는 상도"[114]이지만 "군사를 일으켜 이를 토벌하여" "난을 없애는 것은 병란을 미연에 방지하는 권도"라는 것이다.

이 논의에서 황희가 어떤 의견을 개진했는지 확실하지 않다. 실록에는 황희가 의견을 개진했는지 여부를 알 수 없다. 다만 이때 그는 논의에서 다소 소외되어 있었던 것 같다. 그는 당시 공법을 놓고 찬성론을 주장하는 신개와 대립하면서 세종에게 반대하고 있었다. 야인정벌 논의에서도 세종의 생각에 부응하는 의견을 내놓은 것은

의정부 찬성 신개였다. 그는 "예의에만 얽매인다면 도리어 예의에
벗어나는 일"이 된다면서 "작은 명예"보다는 "큰 덕"을 이루기 위
해 야인을 재차 정벌해야 한다고 주장한다.

옛날에 송나라 양공襄公은 초나라 사람과 홍泓에서 싸우면서 적
군을 험지險地에서 누르지 않고 적군이 전열을 이루기 전에는
공격하는 북을 치지 않는다고 하다가 크게 패전하였습니다. 춘
추春秋에서는 이를 매우 폄론貶論남을 깎아내려 헐뜯음하였으니 그것
은 작은 명예만 꾸미려 하여 큰 덕에는 어두웠기 때문입니다.
적국과 전쟁하면서 작은 예절을 지킨다고 하여 패전하게 된 것
은 성인聖人이 오히려 이를 폄론하였는데 하물며 올빼미와 짐
승과 같은 종류를 대우하면서 예의에만 얽매인다면, 이것은 도
리어 예의에 벗어나는 일이 됩니다. 다만 사람들만이 이를 그
르게 여길 뿐 아니라 하늘도 또한 이를 싫어할 것입니다.115)

전쟁에는 작은 예절을 지키느라 패전하는 것이 잘못이라는 신개
의 의견은 세종의 견해와도 합치되었다. 세종은 이천李蕆에게 내린
전지에서 "병가兵家는 오직 정직함만을 숭상할 뿐만이 아니라 부득
이하면 기이한 술책도 겸용하여야 한다"116)고 말한다.
세종은 도승지 신인손辛引孫과 좌부승지 김돈金墩을 불러 "어두울
때를 타서 신개의 집에 가서 [정벌]계획을 정하고 다른 사람에게는

미리 알리지 말도록 하라"고 지시한 뒤 논의한 16개 조목을 평안도 도절제사 이천에게 유시했다.[117] 이천은 정벌의 시기를 "8월 20일 혹은 9월 초순이나 중순"[118]이 좋겠다는 의견을 제출했다.

이 과정에서 영의정 황희는 소외된 것으로 보인다. 황희는 야인들을 정탐하기 위해 간첩을 보내야 하는지 여부를 논의할 때도 세종의 생각과는 다른 의견을 제시한다. 황희는 "만약 국경에 가까이 있는 야인 중에서 그 동류를 배반하고 본국에 성심을 다하는 사람을 얻게 된다면 좋겠지만 저 사람들의 심정은 이랬다저랬다 하여 믿기 어려운데, 만약 본국의 정상을 저들에게 먼저 통하고 도리어 허탄한 말로써 본국에 보고하게 된다면 이것은 이익은커녕 도리어 손해만 있게 될 것"이라 했다.[119] 세종은 황희의 의견에 일단 동의했지만, 내심 간첩을 써야 한다는 생각을 하고 있었다.[120]

황희는 재차 야인정벌에 나서려는 세종에 반대하여 논쟁을 벌인다. 황희는 "[야인이] 침략하려는 단서가 없는데 명분 없는 군사를 일으킬 수는 없다. 그리고 [군사를 일으켰다는 소리가] 중국에 들리게 되면 더욱 불가하다"고 말한다. 이에 대해 세종은 "이유 없이 문득 국경 가까이에 이르렀으니 어찌 토벌하지 않을 수 있겠는가. 저들이 혹 우리 영토에 더욱 가까이 오면 명분 없는 군사라 하더라도 군사를 일으켜 쫓을 수 없겠는가" 응수했다. 그러나 황희는 "군사를 보내 토벌하여도 반드시 이긴다고 할 수 없으니, 저들이 와서 침노한 뒤에 공격하면 정당성이 우리에게 있으니 중국조정에 말하기가

순할 것"이라 반대했다.[121]

세종은 황희의 의견을 묵살하고 신개와 비밀리에 상의한 대로 제2차 야인정벌을 단행한다. 이천은 9월 7일 7793명의 병력을 "세 길로 군사를 나누어"[122] 야인정벌에 나서 승리를 거뒀다. 제2차 정벌을 세종은 "비록 저들의 괴수를 잡지는 못했지만 그 당류들은 붙들린 자가 많았다"[123]고 평가했다. 이 과정에서 황희는 별다른 역할을 하지 못했다.

세종의 강한 신뢰를 받은 '반대론' 재상

세종 재위(1418~1450) 32년 동안 3분의 2가 넘는 23년간 정승을 지낸 황희는 노인 재상이었다. 황희는 1426년(세종8) 5월 13일 우의정에 올랐을 때 이미 예순을 넘긴 나이 만63세였다. 그후 1349년(세종31) 10월 5일 영의정부사로 치사致仕 나이가 많아 벼슬을 사양하고 물러남 할 때 그의 나이 86세였다. 황희는 세종이 공법을 처음으로 제기했을 때 이미 65세였으며, 제1차 야인정벌을 단행할 때 70세였다. 재상으로서 주요한 활동이 6, 70대에 이뤄진 것이다.

공법논쟁과 야인정벌 논의에서 황희는 대안을 가진 반대론자의 모습으로 나타난다. 군주의 아래에 있으면서 백관을 통솔하는 재상의 지위는 군주의 명령을 거역하기도 어려우며 아무런 정책 대안 없이 군주의 명령에 무조건 복종할 수도 없는 자리다. 황희는 공법

논쟁에서 세종의 의견에 주요한 반대 의견을 낸 '반대론 재상'이었다. 그는 세종의 공법실시 의지를 확인하고도 공법 반대론을 제기하고 손실답험법을 보완할 것을 주장하였다. 계속된 공법 논의에서 그는 세종의 의견을 절충하여 3등급 공법론을 내었지만 훗날 다시 손실답험법 환원론을 제기하면서 세종의 공법시행 의지에 끝까지 반대했다.

황희는 1차 야인정벌 논의에서는 정벌에 나서려는 세종을 지지하는 입장이었지만 2차 정벌 논의에서는 강력하게 반대했다. 이 때문에 세종은 그를 소외시키고 다른 재상찬성 신개과 긴밀하게 논의했다. 이렇게 반대론을 펼친 것을 두고 당시 사관은 황희가 재상으로서 훌륭하다고 평가한다.

황희는 관후寬厚하고 침중沈重하여 재상의 식견과 도량이 있었으며, 풍후豊厚한 자질이 크고 훌륭하며 총명이 남보다 뛰어났다. 집을 다스림에는 검소하고, 기쁨과 노여움을 안색에 나타내지 않으며, 일을 의논할 적엔 정대正大하여 대체大體를 보존하기에 힘쓰고 번거롭게 변경하는 것을 좋아하지 아니하였다. 세종이 중년 이후에는 새로운 제도를 많이 제정하니 황희는 "조종祖宗의 예전 제도를 경솔히 변경할 수 없다." 하고, 홀로 반박하는 의논을 올렸으니, 비록 다 따르지 않았으나, 중지시켜 막은 바가 많았으므로 옛날 대신의 기풍氣風이 있었다. 옥사獄事를 의정議定할 적에는 관용으로써 주견主見을 삼아서 일찍이 사람들에게 이르기를 "차라리 형벌을 경輕하게 하여 실수할지언정 억울한 형벌을 할 수는 없다." 하였다. 비록 늙었으나 손에서 책을 놓지 아니하였으며, 항시 한쪽 눈을 번갈아 감아 시력을 기르고, 비록 잔글자라도 또한 읽기를 꺼리지 아니하였다. 재상이 된 지 24년 동안에 중앙과 지방에서 우러러 바라보면서 모두 말하기를, 어진 재상이라 하였다.《문종실록》권12, 2년 2월 8일 임신

황희의 활동에서 눈에 띄는 것은 그가 여러 가지 의견을 조정하는 리더십을 보였다는 점이다. 그는 자신의 의견만을 고집하는 것이 아니라 다른 의견을 참작하여 자신의 견해를 수정하면서 대안을 제시하고 이를 관철하려고 했다. 다음과 같은 세종과 황희의 대화는 황희의 의견조정 능력을 보여주는 사례다.

도승지 신인손辛引孫에게 명하여 정부에 의논하기를,
"내가 의논하도록 명령한 일은 서로 논박하고 각기 마음속에 쌓인 바를 진술하면서 육조에서 상신上申 말이나 글로 보고함한 일은 뇌동雷同 부화뇌동하여 계달啓達 글로 임금에게 아룀하면서 아무 다른 의논이 없는 것은 무슨 이유인가."
영의정 황희 등이 아뢰기를,
"성상의 명령이 진실로 마땅합니다. 그러나 신 등이 어찌 육조

가 상신한 것을 소홀히 하여 그렇게 한 것이겠습니까. 다만 상
신한 것이 만약 합하지 못한 점이 있으면, 다시 의견을 조정하
게 하여 신 등의 의견에 모두 합한 후에야 이를 계달하게 한 까
닭으로 다른 의논이 없는 것입니다." 권75, 18년 10월 1일 계해

황희는 국왕 세종의 신뢰를 받았다. 《세종실록》에는 세종이 "황
희의 의견에 따랐다"는 말이 자주 나온다. 세종이 황희를 얼마나
신뢰했는지는 세종과 지신사 안숭선의 다음과 같은 대화를 보면 잘
알 수 있다.

안숭선: "교하와 태석균의 일은 진실로 황희의 과실이옵니다.
　　　　그러나 정사를 의논하는 데 있어 깊이 계교하고 멀리
　　　　생각하는 데는 황희와 같은 이가 없습니다."
세　종: "경의 말이 옳다. 지금 대신으로는 황희와 같은 이가
　　　　많지 아니하다. 전에 지나간 대신들을 말하자면, 하
　　　　륜·박은·이원 등은 모두 재물을 탐한다는 이름을 얻
　　　　었는데, 하륜은 자기의 욕심을 채우기를 도모하는 신하
　　　　이고, 박은은 임금의 뜻을 맞추려는 신하이며, 이원은
　　　　이利만 탐하고 의義를 모르는 신하였다." 권53, 13년 9월 8일
　　　　기사

이처럼 황희가 세종의 신뢰를 받을 수 있었던 것은 정책 능력이 뛰어났기 때문이기도 하지만 그가 국왕의 권위에 도전하는 세력을 구축하지 않은 까닭이기도 할 것이다. 황희는 양녕대군 폐세자를 반대하다가 태종한테 양녕대군 세력이라는 의심을 받고 서인庶人이 되었을 때도 "살가죽과 뼈는 부모가 낳으셨지만 의식衣食과 복종僕從은 모두 성상의 은덕이니, 신이 어찌 감히 은덕을 배반하겠는가. 실상은 다른 마음이 없었다"고 말한 사실이 태종에게 전해졌다. 태종은 황희를 한나라 때 명신인 사단史丹에 비유했다. 사단은 한나라 원제元帝가 세자를 폐하고 후궁의 소생인 공왕恭王을 후사로 삼고자 했을 때 적극 반대한 인물이다. 태종은 황희가 세력을 구축하는 일을 할 사람이 아니라는 것을 확신하고 있었고, 세종 즉위 후 황희를 중용할 것을 세종에게 말하기도 했다.[124] 황희는 조선건국이라는 창업의 시기 정도전 같은 재상중심론자가 아니라 수성의 시대에 걸맞은 재상이었다.

이한수

조선일보 문화부 학술담당 기자다. 고려대 행정학과와 서울대 대학원 정치학과를 졸업하고 한국학중앙연구원 한국학대학원에서 박사학위를 받았다. 지은 책으로는 《세종시대의 가家와 국가》 등이 있다. 요즘은 정치공동체를 바라보는 옛 지식인들의 생각이 어떠했는지에 대해 관심을 기울이고 있다.

1) 황희의 생애에 대한 논문으로는 정두희, 1997, 《조선시대 인물의 재발견》, 제1장 황희 참조.

2) 《문종실록》권12, 2년 2월 8일(임신)

3) 《세종실록》권40, 10년 6월 25일(병오)

4) 《세종실록》권40, 10년 6월 25일(병오) "惟卿 經世之才 適用之學 謀猷足以綜萬務 德望足以師百寮."

5) 《세종실록》권50, 12년 11월 21일(무오)

6) 《세종실록》권50, 12년 11월 24일(신유)

7) 《세종실록》권53, 13년 9월 3일(갑자)

8) 《세종실록》권53, 13년 9월 8일(기사)

9) 《세종실록》권53, 13년 9월 8일(기사).

10) 이재룡, 1996, 《조선초기 사회구조 연구》, 일조각, 246쪽. 이하의 논의는 이한수, 2005, 《세종시대 '가家'와 '국가國家'에 관한 논쟁》, 한국학중앙연구원 박사학위논문 118-135쪽을 수정하였음.

11) 정도전. 〈조선경국전 상〉. 부서賦稅. 《삼봉집》(민족문화추진회. 고전국역총서120-121) 254쪽.

12) 《세종실록》권49, 12년 8월 10일(무인)

13) 《세종실록》권49, 18년 2월 23일(기미) "上日 我國家損失之事 關係至重 近來踏驗失中 多則傑 寡則貊."

14) 《세종실록》권49, 12년 8월 10일(무인) "貢法便於公私 實爲良法… 則庶可便於民 而不戾於國家立法之美意."

15) 《세종실록》권35, 9년 3월 16일(갑진)

16) 《세종실록》권39, 10년 1월 16일(기해)

17) 《세종실록》권71, 18년 2월 23일(기미) "近來踏驗失中 多則傑 寡則貊."

18) 세종의 이 말은 《맹자》〈고자告子〉하 10장에 나타난다. 이에 따르면 요순의 정치, 즉 바람직한 정치는 전제왕정인 걸桀의 정치나 무정부상태인 오랑캐[貊]의 정치와 구별되는 정치이다. 이문영은 "현대적인 의미에서 이 3국을 지칭하면 요순의 나라는 강한 정부의 국가, 걸의 나라는 독재정부의 국가, 그리고 맥의 나라는 약한 정부의 국가에 해당된다"고 말한다. 그에 따르면 "통치자의 횡포와 피치자의 난동을 회피한 통치제도"가 바람직한 것이다. 이문영. 1996. 《논어맹자와 행정학》. 나남출판. 248-249쪽, 472쪽.

19) 《세종실록》권39, 10년 1월 16일(기해)

20) 《세종실록》권46, 11년 11월 16일(무오)

21) 《세종실록》권47, 12년 3월 5일(을사)

22) 《세종실록》권47, 12년 3월 5일(을사)

23) 《세종실록》권49, 12년 7월 5일(계묘)

24) 《세종실록》권49, 12년 7월 5일(계묘)

25) 《세종실록》권49, 12년 8월 10일(무인)

26) 호조는 각 지역별로 수령의 의견과 품관品官 · 촌민村民의 의견으로 나누어 보고하고 있는데 이를 표로 정리하면 다음과 같다. 《세종실록》권49, 12년 8월 10일(무인)

공법 여론조사 결과

지 역	수 령		품관 · 촌민	
	찬 성	반 대	찬 성	반 대
경 기	29	5	17,076	236
충 청	35	26	6,982	14,013
전 라	42	12	29,505	257
경 상	55	16	36,262	377
황 해	17	17	4,454	15,601
평 안	6	35	1,326	28,474
함 길	3	14	75	7,387
강 원	5	10	939	6,888

27) 《세종실록》권49, 12년 8월 10일(무인)

28) 《세종실록》권49, 12년 8월 10일(무인)

29) 용자龍子의 '공법 불선론'은 《맹자》〈등문공滕文公〉상 3장에 나타난다.

30) 《세종실록》권49, 12년 8월 10일(무인) "況凶年 民或饑饉 而必取十斗 則失之重 樂歲粒米

狼戾 而只取十斗 則失之輕 國用以之而或竭… 申明損實之制 使無不平之歎 則實國家無疆
之利." "立貢法 革損實 誠美意也. 然 民間不均之嘆 國用不足之弊 不能盡革矣."

31) 《세종실록》권49, 12년 8월 10일(무인)

32) 《세종실록》권49, 12년 8월 10일(무인)

33) 《세종실록》권49, 12년 8월 10일(무인)

34) 《세종실록》권49, 12년 8월 10일(무인)

35) 《세종실록》권71, 18년 2월 23일(기미)

36) 《세종실록》권49, 12년 8월 21일(기축)

37) 《세종실록》권50, 12년 10월 1일(무진)

38) 《세종실록》권50, 12년 10월 10일(정축)

39) 《세종실록》권50, 12년 12월 29일(을미)

40) 《세종실록》권72, 18년 5월 21일(병술), 22일(정해)

41) 《세종실록》권73, 18년 윤6월 15일(기묘)

42) 하연의 공법시행 방안을 표로 나타내면 다음과 같다. 《세종실록》권73, 18년 윤6월 19일(갑신)

하연의 공법 방안

전 라 도 (상등도)			경 기 도 (중등도)			평 안 도 (하등도)		
풍흉	토지	과세(1결)	풍흉	토지	과세(1결)	풍흉	토지	과세(1결)
상	상	22두	상	상	19두	상	상	16두
	중	21두		중	18두		중	15두
	하	20두		하	17두		하	14두
중	상	19두	중	상	16두	중	상	13두
	중	18두		중	15두		중	12두
	하	17두		하	14두		하	11두
하	상	16두	하	상	13두	하	상	10두
	중	15두		중	12두		중	9두
	하	14두		하	11두		하	8두

43) 《세종실록》권73, 18년 윤6월 19일(갑신)

44) 황희가 중심이 된 의정부의 공법 방안을 표로 나타내면 다음과 같다. 하연의 방안과 비교
할 때 상등도 상등전의 과세액이 가벼운 반면 중등도와 하등도의 차이는 크지 않다. 《세종

실록〉권75, 18년 10월 5일(정묘)

의정부의 공법 방안　　　　　　　　　　　　　　　※제주는 토지구분 없이 10두

구　분	상전 1결	중전 1결	하전 1결
상등도(경상 전라 충청)	18두	15두	13두
중등도(경기 강원 황해)	15두	14두	13두
하등도(함길 평안)	14두	13두	10두

45) 《세종실록》권75, 18년 10월 5일(정묘)

46) 《세종실록》권77, 19년 4월 14일(계유)

47) 이를 표로 나타내면 다음과 같다. 《세종실록》권78, 19년 7월 9일(정유)

호조의 공법 방안　　　　　　　　　※수전은 조미, 한전은 황두로 과세. 제주는 일률적으로 10두

구　분	상등전 1결		중등전 1결		하등전 1결	
	수전	한전	수전	한전	수전	한전
상등도(경상 전라 충청)	18두		15두		13두	
중등도(경기 강원 황해)	15두		14두		13두	
하등도(함길 평안)	14두		13두		10두	

48) 《세종실록》권78, 19년 7월 9일(정유)

49) 《세종실록》권78, 19년 7월 27일(을묘), 8월 2일(기미), 8월 21일(무인), 8월 22일(기묘)

50) 《세종실록》권78, 19년 8월 27일(갑신)

51) 《세종실록》권78, 19년 8월 27일(갑신)

52) 《세종실록》권78, 19년 8월 27일(갑신)

53) 《세종실록》권78, 19년 8월 28일(을유)

54) 《세종실록》권82, 20년 7월 10일(임진)

55) 호조가 국가재정의 중추적인 기구로 자리 잡게 된 과정에 대해서는 이장우. 1998. 《조선 초기 전세제도와 국가재정》. 일조각. 136-157쪽.

56) 《세종실록》권82, 20년 7월 10일(임진)

57) 《세종실록》권82, 20년 7월 11일(계사)

58) 《세종실록》권85, 21년 5월 4일(신해)

59) 《세종실록》권86, 21년 7월 21일(정묘)

61) 《세종실록》권93, 23년 7월 7일(신축)

60) 《세종실록》권90, 22년 9월 3일(임인)

62) 《세종실록》권97, 24년 9월 4일(신유)

63) 《세종실록》권98, 24년 12월 22일(무신)

64) 《세종실록》권90, 22년 7월 13일(계축) "領議政黃喜曰 貢法試驗 今巳三年矣 當道之民 好惡不同 而惡之者居多 然量田之初… 此國家定制收租之義也… 臣竊謂 此法終必難行矣 乞嚴委官損實不中之禁制 仍祖宗隨損給損之成憲 何如."

65) 《세종실록》권101, 25년 7월 15일(무진)

66) 《세종실록》권101, 25년 7월 19일(임신)

67) 《세종실록》권102, 25년 10월 27일(무신)

68) 《세종실록》권102, 25년 11월 2일(계축)

69) 《세종실록》권102, 25년 12월 4일(갑신)

70) 《세종실록》권104, 26년 6월 6일(갑신). 이렇게 확정된 공법을 바탕으로 세종 재위 27년 7월 지방재정의 전세 수입원들을 가능한 축소시키고 국용전國用田으로 통합시켜 일원화하는 전제개혁이 시행되었다. 이장우. 2000. "세종27년(1445) 7월의 전제개혁 분석: 조선초기 전세제도와 국가재정의 일원화 추구와 관련하여".《국사관논총》제92집. 197쪽.

71) 《세종실록》권106, 26년11월 13일(무자). 이를 표로 나타내면 다음과 같다.

	일등전	30두
	이등전	25두5승
상상년	삼등전	21두
	사등전	16두5승
	오등전	12두
	육등전	7두5승
상중년	상상년의 90%	
상하년	80%	
중상년	70%	
중중년	60%	
중하년	50%	
하상년	40%	
하중년	30%	
하하년	20%	

연분구등年分九等 전분육등田分六等 공법방안

72) 《세종실록》권104, 26년 6월 6일(갑신)

73) 《세종실록》권112, 28년 6월 18일(갑인)

74) 《세종실록》권31, 8년 2월 26일(경인) "立法所以 示信於民也 豈可以民之好惡而更改乎…古者 立三丈之木 以取信者有之."

75) 《세종실록》권94, 23년 윤11월 14일(정축) "今疏又云 自癸丑用兵以來 倉?虛竭 乃立貢法以充之 爾等以予爲多取於民 而富其國乎 予以損實之法不中 民多怨咨 故試驗貢法 以除損實之弊 以便民生矣."

76) 《세종실록》권111, 28년 1월 22일(경인)

77) 서병국. 1990. "조선전기 대여진관계사".《국사관논총》제14집. 135-148쪽; 박원호. 2002. 《명초조선관계사연구》. 일조각. 169-201쪽. 이하의 논의는 이한수, 2005,《世宗時代 '家'와 '國家'에 관한 論爭》, 한국학중앙연구원 박사논문 187-199쪽을 수정하였음.

78) 《세종실록》권21, 5년 9월 25일(계묘)

79) 《세종실록》권64, 16년 6월 1일(병오)

80) 《세종실록》권58, 14년 12월 9일(갑오)

81) 박원호, 앞의 책, 210-211쪽.

82) 《세종실록》권58, 14년 12월 9일(갑오)

83) 《세종실록》권58, 14년 12월 9일(갑오). 세종은 야인의 침입 원인으로 "그들이 표략하여 간 인민들이 우리나라 지경 안으로 도망하여 왔을 때 본국과 관계된 자이면 이내 본고장으로 돌려보내고, 중국에 관계된 자이면 즉시 중국으로 돌려보냈던 까닭에 원한을 품어 지금 변란을 일으킨 것"이라고 파악했다.

84) 《세종실록》권58, 14년 12월 21일(병오)

85) 《세종실록》권58, 14년 12월 21일(병오)

86) 《세종실록》권58, 14년 12월 22일(정미)

87) 《세종실록》권58, 14년 12월 22일(정미)

88) 《세종실록》권58, 14년 12월 10일(을미)

89) 《세종실록》권59, 15년 1월 11일(을축)

90) 《세종실록》권59, 15년 1월 18일(임신)

91) 《세종실록》권59, 15년 2월 15일(기해)

92) 《세종실록》권59, 15년 2월 15일(계해)

93) 《세종실록》권59, 15년 2월 20일(갑진)

94) 《세종실록》권59, 15년 2월 21일(을사), 2월 26일(경술), 2월 27일(신해)

95) 《세종실록》권59, 15년 2월 28일(임신)

96) 《세종실록》권59, 15년 3월 17일(경오)

97) 《세종실록》권59, 15년 3월 17일(경오)

98) 《세종실록》권59, 15년 3월 19일(임신)

99) 《세종실록》권59, 15년 3월 22일(을해)

100) 《세종실록》권59, 15년 3월 25일(무인)

101) 《세종실록》권59, 15년 3월 25일(무인). 세종의 온천행에 "호종扈從한 재추宰樞"는 "좌의 정 맹사성, 이조판서 허조, 호조판서 안순, 공조판서 조계생, 예조판서 신상, 병조판서 최 사강, 예조참판 권도, 형조참판 허성, 병조참판 정연 등"이다. 《세종실록》권60, 15년 4월 2 일(을유)

102) 《세종실록》권59, 15년 3월 28일(신사)

103) 《세종실록》권60, 15년 4월 23일(병오)

104) 최윤덕이 나중에 올린 "야인 평정을 하례하는 전"에 따르면 정벌군은 3월 27일 교서를 받고 "군사를 일곱 길로 나누어 4월 19일 날이 샐 무렵 쳐들어가 그 죄를 물어 더러운 오랑캐를 다 평정"하였다. 《세종실록》권60, 15년 5월 5일(정사). 정벌군의 구체적인 동향 과 전과에 대해서는 《세종실록》권60, 15년 5월 7일(기미) 참조.

105) 《세종실록》권60, 15년 6월 23일(갑진)

106) 《세종실록》권60, 15년 5월 28일(경진)

107) 《세종실록》권65, 16년 7월 26일(신축)

108) 《세종실록》권63, 16년 1월 12일(경인)

109) 《세종실록》권62, 15년 10월 29일(무인)

110) 《세종실록》권61, 15년 7월 2일(계축)

111) 《세종실록》권84, 21년 1월 27일(병오)

112) 《세종실록》권62, 15년 11월 19일(무술)

113) 《세종실록》권72, 18년 6월 20일(을묘)

114) 《세종실록》권73, 18년 윤6월 18일(계미)

115) 《세종실록》권74, 18년 9월 부록. "昔宋襄公及楚人戰于泓 不扼人於隘 不鼓不成列 而致大
　　敗 春秋深貶之 以其飾小名 而昧大德也 然則 與敵國戰 而用小禮以致敗 聖人尙貶之 況以
　　待梟獍之流而規 規於禮義 則是反失於禮義矣 不惟人非之 天亦厭之矣."

116) 《세종실록》권75, 19년 10월 17일(계유)

117) 《세종실록》권77, 19년 6월 19일(정축)

118) 《세종실록》권78, 19년 7월 17일(을사)

119) 《세종실록》권74, 18년 7월 18일(신해)

120) 세종은 "적의 실정을 알고자 하려면 반간계反間計를 행하는 것보다 더 좋은 것이 없다"
　　고 했다.《세종실록》권92, 23년 3월 9일(병오)

121) 《세종실록》권77, 19년 5월 16일(을사)

122) 《세종실록》권78, 19년 9월 14일(신축)

123) 《세종실록》권78, 19년 7월 29일(정사)

124) 《문종실록》권12, 2년 2월 8일(임신)

■ 참고문헌

《세종실록》/ 《문종실록》/ 《방촌선생문집厖村先生文集》/ 《삼봉집三峰集》/ 《맹자》

박원호. 2002.《명초조선관계사연구》. 일조각

서병국. 1990. "조선전기 대여진관계사".《국사관논총》제14집

정두희, 1997, 《조선시대 인물의 재발견》, 일조각

오석원, 1997, 《유가의 상도와 권도에 관한 연구》, 《동양학》(단국대) 제27집.

이문영, 1996, 《논어맹자와 행정학》, 나남출판

이장우, 1998, 《조선초기 전세제도와 국가재정》, 일조각

이장우. 2000. "세종27년(1445) 7월의 전제개혁 분석: 조선초기 전세제도와 국가재정의 일원
　　화 추구와 관련하여". 《국사관논총》 제92집

이재룡, 1996, 《조선초기 사회구조 연구》, 일조각

이한수, 2005, 《세종시대 '가家'와 '국가'에 관한 논쟁》, 한국학중앙연구원 박사학위논문

이 글의 목적은 세종치세를 설명할 수 있는 여러 전제를 적용할 경우, 즉 학문적·과학적 발전, 북방개척과 외교의 영역에서 거둔 세종의 내외적인 업적성취 과정에서 빠지지 않고 등장하는 이천李蕆의 관료적 성취와 역할을 규명하려는 것이다. 이천은 세종치세 전 기간에 걸쳐 등용되었다. 무인武人으로 출발한 이천의 관료적 삶은 기술관료로 절정에 이르렀고, 이로부터 세종의 신뢰와 지지를 배경으로 세종치세 과학기술의 혁명을 성취하는 데 주도적인 역할을 수행했다.[1]

세종치세를 내치와 외교로 구분할 경우, 통상 세 영역에서 그를 뒷받침했던 관료집단에 주

이천의 '문무文武 겸전' 리더십

완성자 군주에게 필요한 신하

목할 수 있다. 하나는 내치에 해당하는 정치적 영역으로, 유가적 이상에 부합했다는 세종에의 평가를 뒷받침한 황희, 맹사성, 유관, 허조를, 다른 하나는 과학혁명과 기술의 부흥으로 정초, 이순지, 장영실을, 마지막으로 외교에 해당하는 국방과 영토개척으로 이종무, 최윤덕, 김종서를 거론한다.[2] 그럴 경우, 이천의 위상과 역할은 당대를 대표하는 각 영역별 인물에 대한 평가에 비해 두드러지지 않는다. 반면 세종의 의도에 순응하고 충실한 실무적인 관료-무신이며 동시에 문신-의 특징을 지닌다. 따라서 이천 관련 연구는 조선왕조의 원형적인 관료 리더십-문무의 겸전-에 대한 이해의 단서를 제공할 것으로 기대된다.

세종과 신민, 정치적 완성을 이루다

세종치세는 정치적으로 불안정한 조선왕조의 기반을 공고히 하고 북방개척과 대마도 정벌로 상징되는 군사적·영토적 성취와 함께 과학기술 발전 같은 문화적 전성기에 이르렀던 '영광'의 시대[3]로 평가된다. 이로부터 세종을 유가적 성왕聖王의 전범으로 위치지우고, 세종치세를 경국대전 체제로 명명되는 성종치세와 연결시켜 조선왕조를 안정시키는 데 성공한 선행조건으로 이해하기도 한다.

그렇다면 '영광'을 가져온 세종의 성공요인은 무엇일까? 물론 그것은 세종 개인의 자질과 조선의 국왕 교육시스템에 의한 결과로 세종 자신이 성공한 통치자의 덕목을 갖춘 경우일 수 있다.[4] 비록 그럴지라도 세종 개인의 역량만으로 성공적인 통치−치세−를 구현할 수 없었을 것이다. 반면 세종 자신이 유가적 성왕의 전범이라는 평가에 기초해 보자면, 세종치세는 유가적 정치교의에 부합한 결과, 즉 군주−신민 간 관계의 순기능에 기인했을 수도 있다.

유가적 정치교의는 군주 먼저 스스로 도덕적 완성을 이루기 위해 노력해야 하고, 도덕적 완성자에 이른 군주는 자신의 도덕성을 백성에게 확대할 것을 요구한다. 이를 추은推恩이라고 하는데, 군주의 도덕성에 의해 백성들 역시 자신의 도덕본성을 자극받아 도덕적 행위자로 바뀐다는 것이다. 따라서 도덕적인 백성들은 자연히 군주에 순응하고 복종한다. 만약 이러한 유가적 정치교의의 특징을 고려한다면, 세종치세에 볼 수 있는 눈부신 업적과 성취는 군주로서 세종의 정치적 완성과 신민의 정치적 완성이 결부된 결과일 수 있다. 그러므로 세종치세의 성공은 세종뿐만 아니라 신민의 정치적 완성 역시 살펴봐야 할 지표로 채택해야 한다. 과연 이러한 추론이 성립 가능한 것일까? 만약 성립 가능하다면 그 근거는 무엇일까?

그런데 기술관료이자 무인으로서 정체성을 지닌 이천李蕆1376~1451의 중용은 정치적 완성자로서 세종의 모습과 일치하지 않을 수 있다. 더욱이 세종이 지닌 문화 창달자로서의 이미지를 고려하자면 무武의 정체성을 상징하는 이천의 중용은 일관되지 않는다. 그 이유는 무엇일까? 그 해답 중 하나는 왕조의 안정이라는 정치적 과제에 직면한 세종에게 새로운 왕조야말로 이전과 다른 성취와 발전을 보여줘야 할 공적인 당위성과 함께 자신의 정치 권위를 공고히 해야 할 사적인 당위성이 요구되었기 때문일 것이다. 더욱이 세종은 새로운 왕조가 채택한 정치이념에 부합하도록 이전 통치자들과 달리 전형적인 유가적 제왕의 모습을 완성해야 했다. 즉 유가적 성왕으로서 세종은 문文과 무武의 통치를 정합整合해야 할 단계에 놓여 있었던 것이다. 이로부터 당시 문무의 구별이 엄격히 이루어지지 않았을지라도 이천은 무ㆍ문의 겸전이라는 전형적인 사대부의 역할모델로 규정할 수 있다.

신臣으로서 순응하다

여말선초에 몰락한 가문

"천성이 정교하여 화포ㆍ종경ㆍ규표ㆍ간의ㆍ혼의ㆍ주자와 같은 따위를 모두 그가 감독하고 관장했다"[5]는 사후 평가에서도 볼 수 있듯이, 이천의 생애 전반에서 주목해야 하는 부분은 관료로의 순응성이다. 과학기술의 계발과정에서 이천은 세종의 의도와 기대에 부응하는 기술관료로서 그 역할을 충실히 수행했다. 이로부터 세종의 신임을 얻은 사실은 역설적으로 신臣으로서 이천의 체제 순응성을 보여주는 단서로 이해할 수 있다.

이천의 체제 순응성을 고려할 수 있는 근거는 개인적인 배경에서 찾을 수 있다. 이천은 "예안禮安 사람으로 군부판서 이송李竦의 아들이다… 그 어미 염씨는 염흥방廉興邦의 누이동생"6)이라는 가문의 내력을 가지고 있다. 즉 이천의 외가는 고려 공민왕과 신돈의 개혁정치기에 새로운 정치세력으로 부상한 신흥사대부 중 하나인 염흥방의 곡성曲城 염씨廉氏다. 염흥방은 공민왕6년(1357)에 과거에 급제하면서 정치에 참여하는데7), 그것은 이후 정치과정에서 독단적인 영향력을 행사하는 먼 원인으로 작용한다. 왜냐하면 공민왕 사후 이인임으로 대표된 권문세족과 최영으로 대표된 전통적인 무인세력 간 연립정권이 들어서고 이로 인해 신흥사대부 세력의 정치적 입지가 약화되자 연립정권에 전향했기 때문이다.8)

공민왕 사후, 고려의 최우선 과제는 우왕의 정통성 확보였다. 연립정권은 과거 공민왕과 신돈의 개혁정치로 인해 축출되었던 세력이고, 우왕이 집권해서야 복귀할 수 있었다. 그들은 정권 초기의 불안정을 종식시켜야 했고, 이로 인해 북원과의 사대관계를 회복하는데 전력한 결과, 공민왕의 개혁정치기에 등용된 신흥사대부 세력과 정치적 갈등을 유발했다. 이인임은 정권을 안정시키기 위해서도 신흥사대부 세력을 축출해야 하는 상황에 직면한 것이다. 그렇기 때문에 우왕 집권과정에서 우왕의 정치적 후원세력으로 간주되었던 무장, 과거급제 관료와 세족적 기반을 가진 관료들은 연립정권에 의해 숙청당한다.9) 그 중 우왕 원년에 있었던 신흥사대부 세력의 숙청에서 정몽주·정사도·정도전·염흥방·이숭인·조문신·박상진·염연수 등이 유배되고, 이인임·경복흥·이희필·홍영통 등 권문세족과 최영·조민수·양백연·변안열 등 공민왕 이래로 등용된 무장들이 연립하여 정국을 보수화했다.[10] 이후 집권세력 내부에서 지윤·양백연·유모 장씨·경복흥 일파의 숙청이 전개되었다.

여기에서 주목할 점은 우왕 집권기 연립정권이 무신들의 연합이며, 문신들의 위협에 공동으로 대처한 결과물이라는 사실이다. 연립정권에 의한 집단숙청은 문신세력을 약화시켰고, 독자적인 대항능력을 상실한 문신들은 더 이상 정치과정에 진입할 수 없게 되었다. 다만 일부 문신은 연립정권과 결탁해서 자신들의 정치적 입지를 강화했는데, 그 대표적인 사례가 염흥방이다.[11] 문신들의 집단숙청과 일부 문신의 타협은 이인임을 계승한 임견미 일파의 정치적 독점을 견제할 수 있는 세력이 부재함을 의미한다. 한편 한양 천도를 둘러싸고 권력집단 내부에서 최영이 소외됨으로써 임견미–최영 간 갈등은 연립정권의 약화를 초래했다. 이러한 집권세력 내부의 알력은 일종의 정치적 공백을 낳았고, 그 결과 이성계 세력이 진출한다. 더 나아가 우왕의 왕권강화 의지와 그에 협력하는 최영과 이성계의 연합은 임견미와 염흥방 일파를 제거하기에 이른다.[12]

그렇다면 고려의 정치과정에서 염흥방의 존재와 위상은 어떠했을까? 염흥방은 등용 초기 신흥사대부로서 개혁적이었다고 평가된다. 공민왕이 이금강李金剛을 전라도 도순문사로 삼았을 때, 헌부가 이금강을 탄핵하자 염흥방은 "금강이 바치는 뇌물이 길에 늘어졌는데 헌부가 어찌하랴?"라고 한탄함으로써 이금강의 면책을 예단하기도 했다.[13] 그러나 염흥방은 임견미와 통혼을 계기로 전향한다. 이인임의 집권기간 중 "오랫동안 나라 권세를 도적질하여 그 지당이 뿌리가 얽혔는데, 임견미가 그의 심복이 되어 문신을 미워해서 내쫓은 자가 매우 많았다. 염흥방도 내쫓기는 중에 있었는데, 후에 임견미가 염흥방이 세가의 대족이라 하여 혼인하기를 청하여서, 임치는 염흥방의 사위가 되었다"[14]는 것이다. 이로부터 염흥방은 정치적 입지와 영향력이 강화되면서, 전횡을 일삼게 된다.[15] 그 극적인 반전은 전 밀직부사 조반趙胖의 옥사다. 사실상 조반의 옥사는 염흥방의 종인 이광李光이 조반의 토지를 강탈한 데서 비롯되었다. 이로부터 "조반이 분을 견디지 못하여 수십 기로 광을 포위하여 베고 그 집을 불 지르고, 서울로 달려 들어와 염흥방에게 고하려 하였다. 흥방이 듣고 크게 노하여, 반이 반란을 꾀한다고 무고하고, 순군을 시켜 반의 어머니와 아내를 잡고, 400여 기를 백주에 보내어 반을 잡게 하였다"[16]는 것이다. 이 기사는 염흥방의 자가당착을 지적한다.[17] 즉 조반이 이광을 살해한 것은 사적 복수에 호소할 수밖에 없었던 불가피한 선택이었다. 그런데 염흥방의 대응은 사적인 문제를 자의적인 권력 행사로 해결함으로써 이미 조반의 옥사 자체를 공적 영역의 문제로 만들었던 것이다. 그 결과 "지금 이광을 벤 것은 오직 국가를 도와 인민의 적을 제거하려 하는 것뿐… 나는 국적인 너희들을 죽이고자 하는 사람이고, 너는 나와 서로 송사하는 사람인데 어째서 나를 국문하느냐?"[18]는 조반의 반론은 정당성을 가지게 되었다.

우왕과 최영은 조반의 옥사를, 임견미와 염흥방이 자의적으로 행사하던 정치권위를 회복할 수 있는 기회로 판단했다. 그것은 이미 권력행사의 정당성을 상실한 염흥방을 제거하는 명분으로 작용했기에 가능했으며, 일차적으로 염흥방을 순군옥에 가둬 신민의 적극적인 지지를 유도할 수 있었다. 더 나아가 우왕은 염흥방을 투옥한 다음날 최영과 이성계를 동원하여 임견미를 순군옥에 가두고, 그 이틀 뒤 임견미 세력인 이성림李成林·염정수廉廷秀·김영진金永珍·반복해·임치까지 순군옥에 가두었다. 그리고 그 다음날 전격적으로 염흥방·임견미·도길부·이성림·염정수·반복해·김영진·임치와 그 족당을 처형함으로써 연립정권을 붕괴시켰다.

이인임·임견미·염흥방의 제거는 역설적으로 새로운 정치세력으로 부상한 이성계가 권력을 장악하고, 최종적으로 새로운 왕조를 탄생시키는 것으로 귀결되었다. 그렇기 때문에 이성계의 권력 장악과 조선왕조 출현이라는 일련의 과정은 염흥방의 혈족인 이천의 가문을 몰락시킨 직접적인 요인이기도 하다. 그리고 그것은 이천이 체제에 순응하는 태도를 가지게 된 점을 추론케 하는 단서다. 만약 이천이 사적 복수를 선택했다면, 그것은 새로운 정치권위에 도전한다는 것을 의미한다. 그러나 이미 조선왕조는 질서 그 자체이기 때문에 사적 복수는 부당하다. 사적 복수 행위 자체가 개인적인 폭력의 사용 또는 정치권위에 대한 도전이라는 부당성을 담고 있는 한, 이천의 남은 선택은 새로운 왕조에 순응하는 것이다. 그렇기 때문에 이천의 체제 순응적 태도는 새로운 왕조에 출사하는 그 순간 결정된 셈이다.

활자주조 사업을 주도하다

세종즉위(1418) 두 달 뒤에 공조참판으로 제기 주조를 감독했다는 기록에서 그 공적에 따라 내구마內廐馬 1필을 하사받았다는 사실[19]을 보자면, 이천은 공조工曹라는 특정 영역에서 역량을 발휘한 기술관료의 특징을 보인다. 또한 공조와 직접 관련이 없던 시기에도 이천은 기술관료의 역할과 밀접하게 연관되어 있다.

그런데 "이천이 다른 재능은 없고 이와 같은 기교 하나로 쓰이게 된 것"[20]이라는 당대의 평가는 기술관료로서 이천의 특장을 의심케 한다. 과연 그런 것일까? 이천은 세종치세의 과학기술 관련 정책에 모두 참여했다. 특히 세종치세의 과학기술 혁명은 장영실의 기술적 성과, 정초·정인지·이순지·김담의 이론적 공헌과 이천의 현장 지휘가 어우러진 결과였다.[21] 더욱이 세종치세 전 기간에 이천은 세종의 신뢰를 바탕으로 축출되지 않았으며, 세종의 정치권위가 강화될수록 이천의 위상 역시 공고해졌다.

그렇다면 당시의 평가대로 이천은 관료적 전문성을 발휘한 것 이외에 어떠한 능력도 없었기 때문에 오랜 기간 중용되었던 것일까?

혹은 세종과 이천 간에 주목해야 할 특정한 관계가 있었던 것일까?

이천의 경력에서 우선 그 순응성을 찾을 수 있는 단서는 활자 주조사업이다. 사실상 조선왕조의 활자사업은 체제 안정과 밀접하게 연관되어 있었고, 신생왕조가 그 정당성을 확보하려는 노력의 일환이었다. 1403년 태종은 "올바른 정치를 하려면 반드시 널리 서적을 읽어 이치를 깨닫고 마음을 바로잡아야 수신제가치국평천하의 효력을 낼 수 있다 했으며, 특히 우리나라는 중국의 바다 건너에 있어 중국 서적이 들어오는 것이 드물고 또 판본은 갈라지기 쉽고 힘이 많이 들어 천하의 서적을 모두 인쇄하기 어렵다. 이제부터 동으로 글자를 만들어 서적을 얻을 때마다 인출하여 널리 퍼트린다면 그 이로움이 무궁할 것"22)이라고 유시한다. 그리하여 예문관 대제학 이직·총제 민무질·지신사 박석명·우대언 이응을 제조로 삼아 주자소鑄字所를 설치하고 계미자癸未字를 완성한다.23)

그것은 교육과 학문진흥을 위해 "경연에 임하여 시독侍讀하는 선비를 예모로써 대접하고, 항상 더불어 성학을 연구하며 치도를 강론하여, 시종 일관하게 학문에 뜻을 두시어 광명한 데로 계속 나가게 하시면, 장차 치도의 융성함이 삼대보다 낫게 될 것"24)이라고 했던 사간원의 건의에 부합하는 것이기도 하다. 또한 그것은 세종에 이르러 경자자庚子字, 갑인자甲寅字의 발전을 가져온 출발이기도 하다.25)

이천은 세종의 경자자와 갑인자 주조사업에 모두 참여한다. 기존 계미자의 단점은 글자체가 크고 고르지 못한 점과 함께 고정된 청동판에 밀랍을 녹여 붓고 거기에 활자를 꽂아서 밀랍이 말라붙은 뒤에 인쇄하는 방식이었기에 활자가 쉽게 흔들렸다. 따라서 활자 크기와 글자 모양이 고르지 않고 인쇄 상태가 깨끗하지 못하다는 문제가 있었다.[26] 세종은 이를 해결하기 위해 이천에게 새로운 활자사업을 명령했다. 세종4년(1422)의 기사는 "공조참판 이천에게 명하여 새로 글자 모양을 고쳐 만들게 하시니, 매우 정교하고 치밀하였다. 지신사 김익정과 좌대언 정초에게 명하여 그 일을 맡아 감독하게 하여 일곱 달 만에 일이 성공하니, 인쇄하는 사람들이 이를 편리하다고 하였고, 하루에 인쇄한 것이 20여 장에 이르렀다"[27]고 소개한다. 이후 세종16년(1434) 지중추부사인 이천의 주도하에 집현전 직제학 김돈·직전 김빈·호군 장영실·첨지사역원사 이세형·사인 정척·주부 이순지 등이 20만 자의 동판활자인 갑인자를 완성하기에 이른다.[28]

오랫동안 일관되게 진행된 활자주조 사업은 "주자鑄字를 만든 것은 많은 서적을 인쇄하여 길이 후세에 전하려 함이니 진실로 무궁한 이익이 될 것… 이로 말미암아 글은 인쇄하지 못할 것이 없어 배우지 못할 사람이 없을 것이니, 문교의 일어남이 마땅히 날로 앞서 나아갈 것이요, 세도의 높아감이 마땅히 더욱 성해질 것"[29]이라는 태종과 세종의 의도를 관철시키기 위한 것이다. 그리고 이천은 그 전 과정을 주도했다. 따라서 "내가 이 폐단을 생각하여 일찍이 경에게 고쳐 만들기를 명하였더니 경도 어렵게 여겼으나, 내가 강요하자 경이 지혜를 써서 판을 만들고 주자를 부어 만들어서, 모두 바르고 고르며 견고하여, 비록 밀을 쓰지 아니하고 많이 박아 내어도 글자가 비뚤어지지 아니하니, 내가 심히 아름답게 여긴다"[30]는 세종의 평가처럼, 세종과 이천 간 의견 차이에도 불구하고, 이천의 관료적 전문성은 통치자의 의도와 목표에 부합하는 순응성으로 나타났다.

천문관측기구 제작을 주도하다

이천의 순응성과 전문성이 세종의 정치적 의도와 목표에 부합했다는 추론의 또 다른 단서는 과학기술의 혁명과정에서 찾을 수 있다. 특히 천문관측기구는 조선왕조에서 본격적으로 제작되었는데, 그 동기와 배경은 조선왕조가 채택한 유가적 통치기제에 있었다. 즉 세종의 실질적 목표가 새로운 왕조의 정당성과 안정화를 구축하는 것이며, 그 이념적 목표로서 왕도정치의 이상을 실현하는 것이라면, 신민의 항산恒産 살아갈 수 있는 일정한 재산이나 생업이라는 조건을 충족시켜야 하고, 항산을 충족시키기 위해 천체현상을 관찰하고 분석하여 신민에게 정확한 절기[時] 정보를 제공하는 관천수시觀天授時야말로 세종의 임무였다.[31]

더욱이 유가적 정치교의는 "희씨와 화씨에게 명하여 넓은 하늘을 받들어 따르게 하고 해와 달과 별들의 운행을 자주 관찰하여 사람들에게 철을 알리도록 했다"[32]는 요임금과 "좋은 옥으로 만든 혼천의를 살피어 천체의 운행을 바로잡고 하늘에 제사 지내고 천지사시를 제사 지내고 산천을 제사 지내고 여러 신들을 모두 제사 지냈다"[33]는 순임금을 제왕의 역할모델로 규정한다. 따라서 세종을 "거룩한 덕이 높고 높으매, 사람들이 이름을 짓지 못하여 당시에 해동요·순이라 불렀다"[34]는 후대의 평가는 유가적 정치이상을 구현한 제왕의 모습에 부합하며, 동시에 세종치세에 천문관측 기구를 제작하는 데 전력을 기울인 이유를 설명한다. 이천은 그 과정에서 주도적인 역할을 담당했다.

세종14년(1432) 세종은 "일월을 역상曆象 달력에 의하여 천체의 운행을 헤아려 알아내는 일하는 것은 고금의 제왕이 신중히 여기는 바"[35]라고 정언하고, 정인지·정초에게 옛 제도를 상고尙古 귀하게 여김해서 천체관측을 위한 이론적 기초를 마련할 것과 이천에게 공역을 감독하는 기술적인 사항을 위임한다.[36] 그 첫 성과로 세종15년(1433) 정초·이천·정인지·김빈 등이 혼천의를 제작했고, 이에 세종은 세자와 이천에게 간의대와 혼천의의 제도를 논의하도록 한다.[37] 결국 "여가에 천문법상의 이치에 유념하시어 무릇 예전에 이르는 바, 혼의·혼상·규표·간의 등과 자격루·소간의·앙부·천평·현주일구 등의 그릇을 빠짐없이 제작하게 하셨으니, 그 물건을 만들어 생활에 이용하게 하시는 뜻이 지극하였다"[38]는 평가처럼, 천문관측 기구의 제작은 과학기술의 전면적인 발전을 가져왔다. 그것은 유가적 통치의 안정을 목표로 기술적인 기반이 마련되었다는 의미였다. 이천이 천문관측기구 제작의 공역과 함께 활자주조 사업을 주도한 것은 최종적인 목표를 달성하기 위한 세종의 합리적 선택인 셈이다. 즉 세종은 자신이 신뢰하는 순응적인 관료에게 유가적 왕도정치의 이상을 실현할 수 있는 안전장치의 제작을 위임했고, 이천 역시 이에 적극적으로 대응했던 것이다.

그렇다면 세종이 꾸준히 보여준 신뢰와 이천의 관료적 삶의 궤적이 일치하는 것을 설명할 수 있다. 세종 즉위 직후 이천이 공조참판으로 제수되었을 때, 그의 나이 42세였다. 그것은 이천이 이미 태종대에 출사했으며, 세종이 본격적으로 권력을 행사한 시기가 태종 사망 이후라는 사실과 밀접한 관련이 있다. 즉 관료로서 이천의 경력과 위상은 처음부터 세종의 권력기반을 뒷받침할 수 있는 정치적 자산이기보다 기존 질서와 규준을 유지하려는 훈구세력의 범주에 포함될 수 있다. 따라서 세종4년까지 이천의 과업은 제도와 절차의 유지에 집중되었다는 추론이 가능하며, 이로 인해 세종의 신뢰는 기존의 군신관계에 기초한 것에 국한될 뿐이다.

반면 세종이 본격적으로 권력을 행사하면서 이천은 공조와 병조의 참판으로 정책결정 과정에 참여했으며, 충청도와 평안도의 병마도절제사로서 무인의 삶과 관료로서의 경력이 절정에 이른다. 따라서 세종치세 내내 정치과정에서 축출되지 않고 세종의 신뢰를 유지할 수 있었던 이유는 이천의 정치적 위상이나 태도보다 기술관료로서 드러난 추진력, 신중함, 대응력 그리고 순응성에 비롯되었다고 파악할 수 있다. 왜냐하면 세종치세 후반기 의정부, 병조, 대간에서 이천의 사적 탐욕을 이유로 끊임없이 탄핵했는데도 완전히 축출되기보다 전문성에 근거한 자문의 역할로나마 관료의 삶을 유지했기 때문이다. 이천은 정책결정보다 정책집행에 참여했기에 그 존재의 강렬함이 부각되지는 않지만, 오히려 성과를 끌어내는 변함없는 추진력과 대응성에서 통치자의 의도와 목표에 부합될 수 있었다. 결국 이천의 체제 순응성은 기술관료로서 그의 행적과 성취를 통해 드러난다.

무武의 리더십

국방과 영토개척에서 두드러진 무인

무인武人으로서 이천의 경력은 세종치세의 국방과 영토개척에서 두드러진다. 이천은 태조2년(1393) 별장別將에서 시작해, 태종2년 (1402)에 무과에 급제하고 무과 중시重試에 합격(1410년)함으로써 본격적인 무인의 길을 걸었다.[39] 특히 태종대에 군기감정軍器監正으로 평안도와 영길도를 순시했던 기록[40]에서 무장武將으로서 활동을 처음 찾을 수 있고, 세종원년(1419)에는 우군 첨총제에 임용되어 자신의 군사적 역량을 전개하기에 이른다.[41]

여기에서 주목할 점은 이천의 존재와 경력이 세종대에 본격적으로 기록된 이유다. 만약 세종치세의 성취를 내치와 국방으로 평가할 수 있다면, 이천의 존재와 역할이 부각되었던 이유는 두 과정-기능적으로 공조와 병조-에 모두 적극적인 역할을 수행했다는 사실에 있을 것이다. 왜 이천의 존재가 중요한 의미를 지닐까? 해답의 단서는 당시 동아시아 국제관계의 틀 내에서 이루어진 세종의 북방개척에 있다.

일반적으로 동아시아의 질서는 중국-조선-일본의 국가 간 관계로 집중된다. 세종치세는 중국의 명 왕조가 영락제 이후 내치의 안정과 국력 강화에 집중하던 시기인 동시에, 일본은 남북조의 내전을 거쳐 사회 변동을 겪으면서 안정기로 접어들던 시기다. 따라서 세종의 외교와 국방정책은 동아시아 질서 틀 내에서 전개되었으며, 그 중 대마도와 여진 정벌은 조선 내부의 문제뿐 아니라 국가 간 관계에서 도출된 논리적 귀결이기도 했다. 특히 조선의 대마도 정벌은 삼국의 내부문제에 영향을 끼친 공통된 변수로서 '왜구'의 존재와 활동에 대한 대응이었다.[42]

조선은 건국 이후 명明에 사대를 천명한다. 그것은 조선왕조의 태생적 한계인 역성혁명에 따른 정통성 문제를 해결하고, 동시에 경제적·문화적 실리를 추구하기 위한 합리적인 선택이었다. 더욱이 조선의 개국을 뒷받침한 신흥사대부 세력의 외교정책은 구 왕조 고려의 권문세족이 취했던 북원에 대한 사대와 충돌했다는 사실도 고려해야 한다. 즉 여말선초 집권세력 간 갈등은 기존 원 중심의 세계질서를 고수할 것인지, 새로운 명 중심의 질서를 수용할 것인에 대한 것이었다. 조선왕조의 개창이야말로 신흥사대부 세력의 집권이자, 명 중심의 국제질서를 수용하는 것을 의미했다. 더욱이 일본의 정국변동과 연계된 '왜구'의 창궐은 명과 조선에서 사회문제로 대두했고, 이의 해결 또한 사실상 조선왕조가 직면한 주요 현안 중 하나였다.[43) 반면 세종의 대마도 정벌은 조선-명 간 충돌 가능성 내지 조선-일본 간 충돌 가능성을 방지하기 위한 선택인 동시에 명의 대외정책 기조와 맞물린 외부 압력에 대응하는 것이기도 했다.[44)

명의 대외정책 기조는 관용에 기초한 조공관계와 불관용에 기초한 군사적 응징으로 대변된다. 반면 조선의 대외정책은 명과는 사대관계로, 일본과는 교린관계로 전개된다. 여기에서 주목할 사항은 오히려 명-일본 관계다. 명의 대외정책 기조에 따른 당시 일본정부의 대응은 분열된 내부 한계에 기인한다. 즉 명-일본 간 조공관계는 실현되기 곤란했다. "일본국 노왕은 지성으로 사대하여 도둑질함이 없었는데, 지금의 사왕은 초절草竊남의 농작물을 훔쳐 가는 도둑을 금하지 아니하여 우리 강토를 침요하고 또 명태조의 영정을 벽에 걸어 놓고 그 눈을 찌른다니 그 부도덕함이 이와 같다"[45)는 명황제영락제永樂帝 11년의 불만은 명이 일본에 대해 불관용을 선택했음을 시사한다. 따라서 명의 정책은 불관용에 기초한 군사적 응징으로 드러

나는 정왜론으로 조선에 전달된다.[46]

조선-명-일본 간 삼국관계는 '왜구'에 의해 언제든지 적대적 관계로 변질될 수 있었기에 조선-명-일본의 연결고리에서 조선의 대외정책이 결정될 수밖에 없었다. 즉 명은 조선에게 대일본 압박을 요구하고, 조선의 적극적인 반응 여부에 따라 명에 대한 조선의 의중을 보여주는 지표로 삼을 것을 경고했던 것이다. 더욱이 "중국에서는 반드시 우리와 왜가 통호하는 것으로 여길 것인데, 이제와 모른체하면 반드시 우리를 가지고 속인다 할 것이다. 더구나 왜인은 실지로 우리와 원수이니, 이제 만약에 그들을 주벌한다면 나라의 다행이지만, 길이 우리 강토를 거쳐야 하니 염려하지 않을 수도 없다"[47]는 태종의 토로를 보면, 조선-일본의 교린관계가 '왜구'로 인해 변질되어 결국 대마도 정벌을 낳았음을 보여준다. 따라서 조선의 대마도 정벌은 명-조선의 조공과 사대관계의 논리에 부합하며, 동시에 명의 외교적·군사적 압력에 대한 조선의 예방적 대처였다. 즉 '왜구'의 존재는 명의 군사적 압박으로 작용한 동시에 조선이 일본에 대해 시혜적인 정책의 전환을 고려하게 한 요인인 셈이다. 명과 사대관계를 유지하고 조선의 해안지역 안전을 위해 왜구 토벌이라는 내외적 요구에 직면해서, 조선은 명에 대해 번병藩屛 면 밖의 감영이나 병영 역할을 유지하고, 일본과 교린관계를 해치지 않는 범위 내에서 왜구의 제거를 모색했던 것이다.[48]

대마도 정벌에서 부각된 리더십

이천의 군사 경력은 대마도 정벌을 전후로 부각되었다. 세종원년 이천은 우군 첨총제로 제수되었고, 대마도 정벌이 결정된 1419년 5월 14일 이후에는 이종무의 정벌군에 포함되어 우군 절제사인 김을화를 보좌하는 부절제사로 임명되었다.[49] 6월 19일 이종무의 1차 대마도 정벌군이 출정하여 20일에 천모만과 두지포를 해상 봉쇄한 후 초토화 작전에 성공하면서 왜구 토벌이 시작되었다.[50] 이 과정에서 이천은 우군을 거느린 이지실을 보좌했는데, 이때의 공으로 좌군 동지총제에 제수되었다. 이후 이천은 명의 해안을 노략하고 복귀하는 왜구를 방비하는 경상해도 조전절제사로 임명되었다.[51] 최종적으로 이종무의 1차 대마도 정벌은 실질적인 성과를 얻기보다 대마도주가 순응 의사를 밝혀 조기 철군으로 마무리된다.[52] 2차 대마도 정벌에서 이천은 우군 절제사로 종군한 이후 1420년 충청도 병마도절제사에 제수되어 그 경력의 절정에 이른다.

여기에서 주목할 사항은 이천의 군사 경력이 대마도 정벌 종군에서 충청도 병마도절제사 그리고 병조참판을 거쳐 최종적으로 평안도 병마도절제사로 귀결되는 과정이다. 그것은 조선의 내외적 조건과 궤를 같이한다. 왜냐하면 조선의 외교정책은 명에 대한 사대와 일본과의 교린에 집중되었으며, 이로부터 국방과 안보정책은 '왜구'와 '여진'의 처리에 달려 있었기 때문이다. 이천의 초기 경력이 '왜구' 정벌과 관련해 충청도 병마도절제사로, 후기 경력이 '여진'

정벌과 관련해 평안도 병마도절제사였던 것은 세종치세의 대외정책 기조와 밀접하게 연관되었음을 방증한다.

이천의 충청도 병마도절제사 제수는 세종의 신뢰에 따른 중용으로 이해할 수 있다. 특히 세종치세까지 진행되던 수군 재건사업에서 이천의 역할과 참여는 무인 경력에서 기술관료의 경력으로 전환되던 시기까지 지속되었다. 사실상 여말선초부터 '왜구'의 존재와 침탈은 고려왕조와 조선왕조 모두 내부통치의 교란을 가져온 원인 중 하나였다. 즉 빈번한 왜구 출몰로 해안지방의 행정조직이 붕괴되어 내륙으로 통치기구가 이동하고, 호적의 미비로 군역부과의 근거를 상실해 대규모 유민이 발생하여 군역 대상 파악이 곤란했던 것이다.[53] 이로 인해 공민왕 이후 조선 태종때까지 수군이 재편되기에 이르는데, 전체 군역[軍丁]에서 차지하는 비중과 중요성이 가장 높았다. 세종치세에도 당시 양인良人으로 구성된 병종을 시위군侍衛軍, 영진군營鎭軍, 익군翼軍과 함께 선군船軍으로 구별할 수 있는데, 수군인 선군의 비중이 절반을 차지한다.[54] 그것은 왜구에 대한 대응으로, 대마도 정벌이 명의 외교적 압력뿐 아니라 내부 체제정비의 산물임을 시사한다.

그렇다면 이천이 좌군 동지총제(1422년)와 우군 총제(1425년)를 거쳐 세종7년(1425) 병조참판에 제수되어 군사 경력의 절정에 이른 후, 세종13년(1431) 군기제조 총제로서 함선 개조를 위해 갑조법甲造法을 제안한 사실을 이해할 수 있다.[55] 당시 함선 건조는—왜구에 대항하기 위해서 대형 함선을 선호했다 – 속도와 안정성에 주안점을 두었기에,[56] '배가 느리고 빠른 것은 갑으로 만든 여부에 없고 체제에 달렸다'는 이천의 판단과 건의야말로 그의 군사 경험과 기술관료로서의 경력에 근거한다.[57] 따라서 이천의 군사적·기술적 역량과 경험은 세종에게 신뢰를 주었고, 결과적으로 공조참판과 평안도 병마도절제사를 거치면서 북방개척의 과제를 부여받는 계기가 되었다.

세종의 북방개척

세종의 북방개척은 현재의 영토를 확정한 업적이라는 점에서 의의를 갖는다. 그러나 당시 북방으로 지칭되는 만주지역은 고려 후기 고려-명-북원의 역학관계에서 민감한 지역이었으며, 특히 조선-명 관계에서도 명의 요동정책으로 인해 기존의 사대관계를 위협하는 요인이기도 했다.[58] 더구나 조선왕조는 만주지역을 이성계의 출생과 활동 근거지로 인식했기 때문에 이 지역을 보존한다는 책임감[59]과 함께 체제의 외부 위협요소로서 '여진'[60]에 대응한다는 내부 문제로 다루었다. 만약 조선왕조의 초기 과제가 내부적으로 체제의 안정성을 공고히 하는 것이고, 그 외부의 안전장치로서 명-조선의 사대관계와 조선-일본의 교린관계를 거론할 수 있다면, 체제의 안정성과 대외관계를 위협하는 외부요소는 '왜구'와 '여진'일 것이다. 더욱이 대마도 정벌로 인해 '왜구'의 위협요소가 상쇄된 이후 조선왕조에게 외부의 위협요소는 북방의 '여진'으로 압축된다. 또한 조선왕조가 집권체제를 정비하고 대마도 정벌로 사회가 안정되어 갈 무렵 북방 변경의 소요 사건이 빈번히 발생했다는 사실은 우연이기보다 체제안정 과정에서 필연적으로 직면할 문제였음을 시사한다.

북방개척은 이미 고려에서 진행했던 국가적 과제이고, 조선왕조에 이르러서도 이성계의 개인적·정치적 목적과 동기로 인해 그대로 유지되었다. 따라서 "즉위한 뒤에 적당히 만호와 천호의 벼슬을 주고, 이두란을 시켜서 여진을 초안招安 못된 짓을 하는 자를 불러 설득하여서 편안하게 살도록 하여 줌하여 피발被髮 머리를 풀어 헤침하는 풍속을 모두 관대를 띠게 하고, 금수와 같은 행동을 고쳐 예의의 교화를 익히게 하여 우리나라 사람과 서로 혼인을 하도록 하고, 복역과 납부를 편호와 다름이 없게 하였다. 문무의 정치가 이에서 모두 잘되게 되었고, 천리의 땅이 다 조선의 판도로 들어오게 되어 두만강으로 국경을 삼았다"[61]는 기사는 압록강과 두만강을 경계로 영토를 확정한다는 조선왕조의 의지를 반영한다. 이로 인해 조선왕조 초기에 북변정책을 추진했던 명과 관계가 악화되었고, 오히려 조선-여진의 관계는 우호적인 상황이었다.

조선 초기 여진에 대한 정책은 조공 형태의 무역을 허락하고 조선의 관직을 수여하는 등 회유정책을 기본으로 하는 기미교린羈縻交隣이었다. 그로 인해 북방 변경의 안정을 꾀했지만 여진의 침탈에는 무력으로 응징했다.[62] 세종대에 이르러 누적된 여진족의 침탈은 북방개척의 기회로 전환된다. 세종8년(1426) 병조에서 경원부와 경성부의 분리에 따른 방어의 어려움을 들어 방어체제 개선을 건의하자, 세종은 의정부와 육조의 참의 등과 의논하여 최전방 지역인 용성지역을 경원부로 귀속한 행정개편에 따라 방어체제 정비를 지시한다.[63] 사실상 경원부의 후진문제는 이미 태종대에 거론되던 사안이었다. 태종10년(1410) 여진 우디케[兀狄哈]가 빈번하게 쳐들어오자 태종은 "경원에는 다만 덕릉과 안릉 두 능이 있을 뿐이다. 능을 옮긴 일이 예전에도 있었으니, 능을 옮기고 군을 폐하여, 경성으로 물러와 지키는 것이 어떻겠는가?"[64]라고 제안하기도 했다. 이후 세종9년(1427) 경원의 전진 군사기지와 경원부를 용성으로 후진시킬 것을 건의하는 허조와 황상을 비롯한 관료들의 요구에 세종은 "조종의 강토는 줄일 수 없는 것… 만약 성보를 널리쌓고 민호를 많이 모아서 지켜 막으면 될 것… 물러나 줄일 계획을한다면 조종의 토지를 개척하는 뜻에 아주 어긋나는 것이다. 정부와 육조로 하여금 다시 상량하라"[65]고 반대의사를 천명한다. 이로부터 세종10년에 공조참판인 이천은 성터를 살펴 정하도록 경원으로 파견되었고, 이천은 경원부의 존속이 더 유리하고 사민徙民정책을 통해 방어체제의 정비가 가능하다는 점[66]과 용성지역의 전략적이전을 건의한다.[67] 더욱이 이 지역의 거주민들에 의한 방어체제구축을 위해 이천이 올린 청원은 세종의 북방개척 의지를 공고히

하는 것이었다.[68]

세종15년(1433) 우디케의 내습으로 조선의 번병 역할을 하던 오도리[斡朶里] 부족의 통몽거티무루[童猛哥帖木兒]와 통관투[童管頭]가 살해되면서 이 지역 방어에 공백이 생겼다. 세종은 동북변경의 통치 공백과 여진 침탈을 북방개척의 호기로 판단하고 "내가 선인들의 뜻을 이어 이루어서, 다시 경원부를 소다로에 되돌려 옮기고, 영북진을 알목하에 옮긴 뒤에, 이주할 백성들을 모아서 충실하게 만들고자 한다. 그리하여 삼가 조종으로부터 물려받은 천험의 국토를 지키고, 변방 백성들의 교대로 수비하는 노고를 조금이나마 덜어 주고자 할 뿐이니, 큰일을 좋아하고 공 세우기를 즐겨하여 국경을 열어 넓히려는 것과는 다르다"[69]는 점을 강조함으로써 선조들이 왕업을 일으킨 지역조기지지肇基之地을 명분으로 자신의 의지를 적극적으로 전개한다. 그 주역은 김종서였다.[70]

만약 육진의 설치로 두만강 유역의 동북지역을 안정시켰다면, 세종의 북방정책을 구성하는 또 하나의 축은 압록강 유역의 서북지역 안정화다. 그것은 또 다른 주역으로서 최윤덕과 이천이 전개한 여진 정벌과 사군四郡 설치와 밀접히 관련되어 있다. 당시 서북지역 건주여진의 침탈은 태종대에 본격적으로 이루어졌는데, 명의 대외정책에 따른 산물이었다. 즉 북변정책에 따라 명의 만주 경략經略침략하여 점령한 지방이나 나라를 다스림은 안정기에 접어들었고, 여진에 대한 기미羈縻견제와 속박정책을 유지하고 있었다. 반면 여진은 경제적 이익

여부에 따라 명과 조선에 입조하거나 무력 침탈을 하는 등 유동적인 태도를 보였다. 특히 이만주李滿住의 건주여진은 오랑캐[兀良哈]로 알려진 농경생활을 하던 부족으로, 내지의 우디케 침입을 막기 위해 강력한 번병을 필요로 했던 명의 후원을 받았고, 이로 인해 명은 건주본위를 개설(1403년)할 수 있었다.[71]

이후 명의 북변정책과 함께 진행된 북경 천도 과정에서 몽골의 칸을 계승한 타타르[韃靼]의 본아실리本雅失里는 남하를 시도하면서 명과 충돌한다. 그 과정에서 타타르는 오랑캐 공격 중 내분을 일으켰고, 명은 타타르를 제거하기 위해 정벌에 나섰으나 실패한다. 그 결과 영락제의 친정(1410년)이 선포되고 일차적으로 타타르의 항복과 조공을 이끌어내는 데 성공한다. 1422년 타타르가 다시 변방을 침입하자 영락제는 2차 친정에 나섰고, 타타르와 오랑캐 연합에 맞선 3차 친정을 끝으로 명의 타타르 정벌이 종결된다. 이로 인해 과거 우디케가 여진을 침탈할 때 번병 역할을 한 오랑캐인 이만주의 건주여진이 조선에 대한 위협으로 전환한 것이다. 더욱이 동북지역의 육진 설치과정에서 발생한 여진의 축출은 이 지역의 오도리 여진부족을 파저강 지역으로 밀어냈고, 그들이 건주여진과 합류하는 계기를 제공함으로써 대규모 변경 침탈의 원인이 되었다.[72] 특히 파저강 유역의 건주여진은 이만주의 통솔하에 명과 조선의 변경을 침탈함으로써 조선−명의 관계까지 악화시킬 가능성을 수반했다.[73]

영락제의 타타르 친정 이후, 세종6년(1424)에 이만주는 파저강 일대에 거주하도록 허락받았다는 명의 성지를 명분삼아 식량과 물자의 원조를 요구하면서 본격적으로 조선-여진 간 갈등을 심화시켰다.[74] 당시 공조참판인 이천은 1429년 세종의 명령에 따라 평안도내 성곽과 기지를 살피는 임무를 수행하면서 이 지역의 방어정책에 간여하게 된다. 세종15년(1433), 세종은 평안도 도절제사 최윤덕으로 하여금 파저강 여진을 정벌하게 한다.[75] 1차 정벌 이후 조선의 북진정책을 명이 견제하면서 이만주는 건주위도독으로 제수되었고, 더욱 조선을 압박한다. 세종18년(1436) 이천은 평안도 도절제사로 복권되었으며,[76] "서방의 제어의 일을 경에게 전위하였고, 경도 또한 이미 나의 마음을 다 알 것이다… 경이 항상 혼자서 보고 세밀히 그 뜻한 바를 구하며, 또 이른 아침부터 밤늦게까지 깊이 생각하여, 만일 좋은 계책이 있거든 계획을 세워 계달하라"[77]는 세종의 유시를 받게 된다. 특히 세종은 "대저 변장의 배치를 반드시 교지를 받아서 시행한다면 견제되고 시일이 지연되어 일을 그르치고 후회하는 일이 없지 않을 것이다… 형편에 따라서 처리하는 것은 계달할 필요가 없으니, 기회에 임하여 계책을 결정하여 배치하고 나중에 계달하라"[78]전지함으로써 이천에게 모든 권한을 위임하는 신뢰를 보인다.

이천, 탄핵당하다

최윤덕이 서북지역의 여진을 정벌한 후, 이천을 병마도절제사로 제수한 것은 서북지역에 대한 조선의 지배권을 공고히 하려는 세종의 의지를 반영한다. 이에 따라 이천은 '추수 전인 6월에 여진의 우익을 기습하고 회군할 경우 그들이 방심할 것'이고, '9월에 정예군을 동원해 두 방향에서 공격'하고, '다음해 2월에 강의 얼음을 이용해서 기습'하는 '번갈아 들어가고 번갈아 나오면서 자주 일으켜 쳐서 그 생업을 이루지 못하게 하는' 대안을 제안한다.[79] 세종은 이천에게 야인 토벌책 16조목을 보내고[80] 비밀리에 평안도 감사에게 야인 토벌계획을 알리면서 이천과의 공조를 강조한다.[81] 세종의 목표는 이만주를 생포하고, 궁극적으로 여진의 근거지를 소탕하는 것이었으며, 이천은 세종19년(1437) 9월 7일에 압록강을 건너 2차 여진 정벌에 나서 9월 16일에 과업을 종료한다.[82] 당시 동원된 군사력은 상호군 이화李樺의 1818명, 대호군 정덕성鄭德成의 1203명과 이천의 중군 4772명으로 7000명에 이르지만, 전과로 46명을 참살하고 14명을 생포하는 데 불과했다. 광활한 지역이기도 하거니와 여진족이 사전에 도주해 대규모 충돌이 없었기 때문이다. 그 결과 이만주의 여진세력을 압록강에서 축출하고 변경의 소요를 한동안 잠재울 수 있었다는 점에서 세종25년까지 서북의 사군四郡 설치와 압록강에서 두만강에 이르는 자연 경계선을 따라 영토를 확정할 수 있었다.[83]

그러나 평안도 병마도절제사와 여진정벌의 경력은 이천 개인에게 위기로 작용한다. 세종은 여진정벌의 공적에 따라 이천에게 호조판서 겸 평안도 도절제사를 제수했다. "이때까지 경직京職을 가지고 외임을 띤 자가 없었는데, 이천과 박안신은 정벌한 공으로 특히 이 벼슬을 제수하니, 대개 특별히 총애한 까닭"[84]이라는 기사에서 찾을 수 있듯이, 세종이 이천을 전폭적으로 신뢰했음을 엿볼 수 있다. 이는 의정부의 견제를 불러왔다. 이미 평안도 병마도절제사로 부임했을 당시 철산, 의주, 강외 지역에서 사냥에 몰두한다는 소문으로 인해 세종이 그 일정을 보고하라고 한 적이 있었다.[85] 그런데 여진 정벌 후 관직 제수에서 우의정 노한은 세종에게 "이것은 상줄 만한 것이 못됩니다. 천이 토벌한 것은 농막 한두 곳뿐이니 무슨 공이 있다는 것입니까? 후일에도 이런 일은 변장으로서 어렵지 않은 일입니다. 만약 여연 판관 이종효에게 군사 2, 300명만 거느리고 가도록 하였더라도 포획하는 것이 이보다 못하지 않을 것"[86]이라고 반박한 것이다. 그것은 노한의 사적인 반발로 귀결되어 그의 파직으로 봉합되었지만, 사실상 의정부의 황희와 신개 역시 이천의 공적이 포상의 가치가 없다고 동의했다는 점에서 주목할 만하다.[87] 이천은 견제를 당하자 노모 봉양을 명분으로 사직함으로써 세종의 재신임을 유도했다.[88] 그리고 노모를 보기 위해 귀환했을 때 "사정전에 임금께 임해서 찾아뵈었는데, 진시 초에서 해질 때가 되어 끝났을"[89] 정도로 세종의 재신임을 얻는 데 성공한다.

이천에 대한 탄핵은 이미 군기감 제조로 있었던 세종13년(1431)에 제기되었다. 지신사 안숭선은 "참판 정연이 신에게 말하되, 이천과 최해산이 오랫동안 군기감 제조가 되어 불의한 짓을 많이 행하여 조금 청렴하지 못하다는 이름을 얻었다라고 했으니, 마땅히 강직하고 공정하고 청렴한 사람으로서 제조를 삼아야 될 것"[90]이라고 세종에게 건의한다. 그러나 세종은 "군기감의 사무는 다른 사람이 어찌 두 사람의 재주와 기능에 따라갈 수가 있겠는가? 아직은 체직遞職 벼슬을 갈아 냄하지 말라"는 답변으로 이천을 신임한다.[91]

세종21년(1439) 이후, 이천은 본격적으로 탄핵을 당한다. 특히 사헌부가 이천과 이온 형제를 탄핵한 내용은 사적 영역이 공적 영역을 침탈한 데에 초점을 맞추고 있다.

기망함은 신하의 큰 죄이고, 상벌은 국가의 큰일입니다. 상호군 이온은 정사년에 그 형의 연줄로 정벌하는 일에 참예함을 얻었으나 적의 머리를 베어 바치는 공로도 없었으면서 도리어 상을 탈 생각을 품고 그 공적을 스스로 서술하여 원본을 작성하고 억지로 패두 이사영으로 하여금 서명하게 하고, 가만히 지인 박득린을 꾀어 거짓 증명하게 하여, 그 형에게 보고하여 외람되게 작위와 상을 받았으니, 그 하늘을 속이고 임금을 속인 것이 이보다 심할 수 없습니다… 도절제사 이천은 장상대신으로… 개선하는 날 군인 김여언·김호지·거마대 등이 어전에서 공로를 다투는데, 이온이 또 따라서 다투니 이천이 그제야 변명하여 말하기를, 실상은 거마대의 공이다고 했습니다. 그렇다면 이것은 공의 유무를 모르는 것이 아닌데, 군공을 등급 매

길 때에 마음대로 증감하여 상벌이 정당함을 잃게 함이니, 그
임금을 속이고 사정을 행한 것이 더할 수가 없습니다.[92]

이와 더불어 의정부와 병조가 탄핵하자 실상조사를 위해 경차관
으로 파견된 병조좌랑 김광수의 회계回啓 임금의 물음에 대하여 신하들이 심의하
여 대답하던 일 역시 평안도 도절제사로서 이천이 '평안도 여연閭延과
조명간趙明干의 구자口子 요충지의 군사기지 방비에 소홀히 했다'는 책무 불
이행을 지적하고 있다.[93] 따라서 의정부와 육조가 이천을 계속 탄
핵한 것은 세종에게 압박으로 작용했다. 사실상 탄핵의 이유는 이
천 개인의 도덕적·윤리적 측면에 집중된다. 세종 자신도 우의정
신개와 우찬성 하연 등을 불러 "이천이 평안도에 있어서 성토할 만
한 죄가 없는데 물의가 분분하니, 장차 어찌 처리해야겠는가!"[94]라
고 하소연했듯이, 이천이 가진 관료적 전문성과 역량을 탄핵한 것
이 아니었다.

특히 변방 방어를 놓고 이천이 책무를 이행하지 않았다는 이유는
그 자신이 보여준 행적과 부합하지 않는 것이기도 하다. 왜냐하면
평안도 도절제사로서 변방 방어를 위해 군사시설을 개보수하고 재
배치한 것은 이천이 보여준 기술관료의 전문성에 기초한 대응일 수
있기 때문이다. 예를 들어 서북변방의 요충지로서 조명간 구자의
구축을 둘러싸고 이천은 그 고립성을 근거로 퇴축을 주장했으며,[95]
변방지역의 16개 구자지역에 성곽을 구축하기보다 목책을 수리해

서 방어하는 탄력적인 대응을 제안했다.[96] 오히려 이천의 대안과 의정부와 병조의 입장이 달랐다는 점에서 이천의 탄핵은 양자 간 긴장의 산물로 이해할 수 있다.

세종은 서북지역의 비변대책을 소홀히 한 점을 들어 "이천이 마음을 써서 설비하지 않은 것이 분명하다"[97]고 평가함으로써 사헌부와 의정부를 무마한다. 또한 함길도 도절제사인 김종서를 교체하는 정례적인 인사를 통해 이천의 교체도 고려할 것을 의정부에 제안하는 방법으로 이천을 보호한다.[98] 결국 이천은 "변방의 장수로서 적이 침입하는 요해처에 방어의 계책을 거듭 엄하게 하는 것이 마땅한데, 계책을 이렇게 내지 않고 검찰하기를 허술히 하다가, 오랑캐가 갑자기 들어와서 사람과 짐승을 죽이고 사로잡아 가게 하였으니 매우 잘못"[99]이라는 병조의 보고에 의해서 황보공 · 박눌생 · 유강 · 유사지 · 배양덕 · 최준과 함께 탄핵되어 파직 처리된다.[100]

세종은 이천을 파직한 직후 방환放還 귀양살이하는 사람을 집으로 돌려보냄하고[101] 총제와 중추원사의 직위를 부여했지만, 그 역할은 국정 자문으로 축소된다[102] 이천이 가진 군사적 전문성은 더 이상 정책집행에 동원되지 않았으며, 세종26년(1444) 군기감제조로 잠시 복귀해서 "북방 야인들이 무쇠 농기로 연철이 되게 해가지고 군기를 만드는 자가 많다 하는데… 우리나라에 오는 야인에게 물어보게 하고 전습傳習 다른 사람한테 배워 익힘시킬 것"[103]을 제안하는 등 일정 수준으로 회복되지만, 결국 기술관료의 전문성에 기초해서 능의 보수, 장례,

제례의 자문에 한정된다. 그런데도 세종은 여전히 이천을 신임했고, 세종31년(1449) 74세에 모친상을 당한 이천에게 장수를 기념하는 육찬肉饌을 하사하기까지 한다.[104] 문종 치세에 이르러 "이천은 무예로 일어나 성품이 매우 정밀 교묘하여 오래 상의원제조가 되었는데 뇌물을 많이 받아들이므로 세종께서 듣고 드디어 제조를 갈았으나 무릇 교묘한 일에 관계되는 것은 이천에게 명하여 감독 주장하게 했다"[105]는 기사에서 드러나듯이, 이천의 관료적 전문성은 계속 신뢰를 받았고, 문종에게 궤장을 하사받는 등[106] 국가원로로 예우받았다.

문文의 수동성

의정부와 육조, 세종에 도전하다

태종 사후 세종이 본격적으로 권력을 행사하는 과정에서 의정부와 육조는 정치적 주도권을 놓고 세종과 경쟁한다.[107] 만약 세종이 자신의 청사진을 실현하기 위해 왕권강화를 목표로 했다면, 의정부와 육조는 왕권 견제를 통해 정치과정의 균형잡기를 목표로 했을 것이다. 이로부터 세종의 친정과 이천의 중용이 시기적으로 부합했다는 사실에 주목해야 한다. 그것은 이천의 관료적 전문성과 순응성이야말로 세종에게 훈구세력과 맞설 세종 자신의 정치적 자산으로 신뢰

받은 반증일 수 있다. 예를 들어 세종7년(1425) 모화루에 거동한 세종이 효령대군의 별서別墅 농장이나 들이 있는 부근에 한적하게 따로 지은 집에서 근친, 신료들과 자리를 함께 했는데,[108] 그 자리는 세종이 특별한 호감을 표시한 신료들만 참여할 수 있었다. 이로 인해 특정 신료들에게 보낸 세종의 신뢰는 훈구세력과 일정한 긴장을 유발했으며,[109] 이천 역시 훈구세력에 의해 탄핵의 중심에 놓였던 것이다.

그런데 이천의 관료적 전문성은 역설적으로 세종의 의지와 긴장을 유발하는 요인이기도 했다. 세종4년(1422) 도성수축 사업에서 "도성을 수축하는 군인들 중에 죽은 사람이 많았으니, 그 이유는 무엇 때문인가?"라는 세종의 의문에 "수십 명의 제조 중에서 오히려 박춘귀 같이 병들어 죽은 사람도 있는데, 하물며 30여 만의 군인 중에서 5, 600명 죽는 것이 무엇이 괴이합니까?"라는 이천의 반문은 세종 자신도 받아들이기 어려운 괴리를 보여준다.[110] 그것은 설정된 목표를 성취하는 것이 우선 과제라고 이해한 이천의 개인적인 가치판단을 보여주는 것일 수 있지만, 한편으로 이천 자신이 결정자가 아닌 집행자라는 수동적인 인식을 드러낸 것일 수도 있다. 이와 같이 이천은 관료적 전문성에 기초한 적극성과 수동성 모두를 표출하는데, 관료로서 이천의 양면적 특징은 세종7년(1425) 둔전의 혁파를 둘러싼 세종과 의정부와 육조 간 논쟁에서 본격적으로 드러난다.

세종은 당시 가뭄으로 인한 정부의 구호정책으로 "아록위전衙祿位

田을 혁파하고 국고의 미두로 지급하고자 하니, 경 등은 서로 의논하여 아뢸 것이다… 국둔전國屯田을 혁파하여 백성에게 농사짓도록 허가하고자 하니, 아울러 의논하여 계하라"111)라고 군사적 재정기반이던 아록위전과 국둔전의 혁파를 제안한다. 둔전은 각급 행정기구나 군사기구를 중심으로 개활지나 개간지를 택해서 군대나 노비, 양민의 노동력을 동원해서 경영되던 국가의 토지제도 외곽의 토지였고, 행정적·군사적 재정기반을 보충하려는 목적에서 설정되었던 것이다.112) 따라서 둔전의 경작은 토지분배와 소유의 문제 그리고 경작자로서 양민들의 국가통제 문제와 관련되어 있다.113) 이에 대해 의정부와 육조는 아록전과 둔전을 혁파하는 것으로 의견을 모으는데, 당시 병조참판인 이천은 각 지역의 관둔전官屯田 혁파까지도 동의하는 파격성을 보인다.114)

여기에서 주목할 점은 세종과 의정부 간 관계다. 왜냐하면 외형상 세종이 제안하고 의정부와 육조의 심의라는 절차를 밟아 토지제도를 개선한 것으로 보이지만, 실질적으로 둔전의 혁파는 왕조의 수조권과 직결되는 민감한 문제였기 때문이다. 즉 세종의 둔전 혁파는 국가의 수취체계와 함께 관료와 상비군의 제도적 근간을 뒤흔들 위험성을 내포한다. 그런데도 세종이 일관되게 혁파 의지를 보이고 관철했다는 사실은 세종 자신이 신민의 지지에 기초하지 않을 경우 왕조의 권위와 권력행사가 불가능하다는 사실을 파악했던 것으로 이해된다. 즉 세종은 혁파를 위한 논거로서 "백성이 넉넉하면 임금은 누구와 더불어 넉넉하지 못하겠으며, 만일 백성이 넉넉하지 못하면 임금은 누구와 더불어 넉넉하겠는가?"[115]라고 반문하는데, 그것은 항산과 항심의 관계를 통치의 근간으로 제기하는 유가적 이상을 지적하는 것이었다. 그렇기 때문에 세종이 명분과 원칙에 기초한 공격적인 정책을 제안하자, 의정부와 육조는 순응할 수밖에 없었다.

그러나 둔전의 혁파가 가져올 재정적 곤란함과 신민의 일탈 가능성을 예상하자면, 어떻게 제도를 보완해야 한다는 것일까? 세종 역시 둔전의 혁파가 가져올 군제상의 곤란함을 이해하고 있었다. 예를 들어 세종18년(1436) 세종은 외구外寇의 제어책에 관해 상소된 제안을 평안도 도절제사로 재직 중인 이천에게 보낸다. 그 중 "변방의 대비책은 양곡의 비축이 그 기본이요, 군량을 비축하는 길은 둔전의 설치가 상책이 될 것입니다. 그러나 국가에서는 남방 연해의 비옥한 땅에서 이를 시행하였어도, 그것이 이익됨을 보지 못하였습니다… 남도의 각 고을의 조세를 운송 수납하게 하고 민간과 승려들이 강계 등의 고을로 운수하는 것을 들어주되 그 석수를 정하여 고하의 등급을 매겨 관직으로 보직하든가 도첩을 주며 혹 개인이 비축한 양곡으로 수송 납부를 원하는 자도 이를 들어주게 합니다"[116]라는 건의는 사실상 세종 자신의 대안임을 웅변한다. 따라서 둔전 혁파에 관한 의정부와 육조의 동의는 적극적인 반대를 소극적이고 순응적인 정책집행으로 전화轉化한 것이었다.

한편 세종의 권위에 대한 의정부와 육조의 도전은 양녕대군 처리와 심온의 복권에 집중된다. 그것은 세종의 정치권위를 부정하는 것으로 변질될 위험을 안고 있었다. 세종8년(1426), 의정부와 육조는 공론을 명분으로 심온의 옥사와 노비로 전락한 그 가족들의 복권을 요구한다. 그들은 선왕인 태종이 "심온의 아내와 자녀들을 예에 의하여 비록 관청에 소속시켰으나 역사는 하지 말게 하고, 그 뒤에 천안賤案에서 제명하고자 했으나, 미처 교지를 내리지 못하시고 세상을 떠나셨는데, 여러 신하들도 의리에 의하여 의논을 올린 사람이 없었으므로 지금에 이르기까지 그대로 천안에 매여 있다"고 전제하고 "태종의 뜻을 계승하시어 천안을 삭제하고 작첩을 돌려주어, 신민들의 국모를 떠받드는 마음을 위로하여 주신다면 매우 다행일 것"이라고 건의한다.117) 심온의 복권을 반대하던 세종은 그 가족들을 천안에서 제명하는 것으로 결론짓는다.

강상인의 옥사에서 출발한 심온의 제거는 세종의 왕권강화와 함께 심온과 세종의 긴밀한 공조관계로 인해서 향후 발생할 문제를 미리 예방하기 위한 태종의 사전정지 작업으로 이해된다. 그런데 심온을 제거하는 과정에서 세종이 취한 태도는 방관적 또는 소극적인 면이 두드러진다. 왜 세종은 적극적으로 심온을 변호하지 않았던 것일까? 더욱이 군-신관계로부터 부-자관계의 윤리가 적용되는 세종-심온 간 관계로 보자면, 심온의 역모를 변호하거나 부당함을 강조해야 했던 것이 아닐까? 만약 세종 자신의 입장에서 문제를 접근한다면, 심온의 오랜 군부경력과 세력화가 왕조 안정에 위협요소로 작용할 것으로 예측하고, 왕으로 즉위한 이후 심온을 제거하는 것이 정치적·윤리적·군사적 부담으로 작용할 가능성이 더 컸기 때문이라고 추론할 수 있다. 즉 태종은 훈척으로서 심온의 세력 강화가 여전히 현실적인 정치 기반과 군사 기반을 갖추지 못한 새로운 군주를 압박할 것이고, 동시에 장인–사위라는 인륜의 압박에서 자유롭지 못할 것임을 알고, 태종 자신이 군권을 장악한 현시점에서 실력행사를 통해 문제를 해결하려고 했을 것이다. 따라서 심온 제거에 관한 태종과 세종 간 문제인식은 동일했던 것으로 이해할 수 있다.[118] 결국 심온의 복권을 세종이 반대한 것은 신료들과 타협할 수 없는 문제였으며, 동시에 그 가족들의 면천을 세종이 허용한 것 역시 세종 자신과의 타협이자 신료들과의 타협의 산물일 수 있다.

세종치세에서 군신 간 첨예한 대립을 야기한 것은 양녕대군 문제다. 그것은 세종의 즉위 이후 계속 제기되었으며, 세종6년 대간들이 반대하는데도 청주에 귀양 중이던 양녕대군을 다시 이천의 사가로 불러옴으로써 일단락되었다.[119] 세종9년(1427)에 이르러 다시 양녕대군의 대궐 출입금지를 사간이 건의하고, 이를 세종이 반대함으로써 왕과 의정부와 육조는 충돌한다. 이 과정에서 좌의정 황희를 비롯한 의정부와 이천을 포함한 육조의 권고는 "후대는 하되 밀접하게 가까이 할 일은 아니다"라는 것이며, "엄중히 금방을 더하여 출유出遊 다른 곳으로 나가서 놂하고 치빙馳騁 부산하게 돌아다님하지 못하게 하여 스스로 경계하게 할 것… 이제부터 절대로 불러 보시지 마시어 그로 하여금 스스로 경계"[120]할 것을 건의한다. 이에 세종은 "수인이 아닌데… 그의 출유를 금할 필요가 있겠는가?"[121]라고 반발하고 연이은 대간의 요구에도 반대한다.

세종의 정치적 자산이 되다

그렇다면 세종과 신료 간에 계속된 갈등에서 엿보이는 이천의 태도는 세종이 기대하던 관료적 순응성과 정치적 소극성이라는 덕목에 모순된 것이 아닐까? 결국 세종의 신뢰와 이천의 순응 모두 상황과 사안에 따라 나타난 임기응변에 불과한 것일까? 사실상 이천의 태도는 정치적 견해를 적극적으로 표출하고 세종과 직접 충돌하기보다 유가적 정치이념에 기초한 명분과 원칙에 따른 소극적인 동의 또는 자신의 전문성에 기초한 순응적인 태도의 변형으로 파악된다. 즉 심온의 복권과 양녕의 처리문제는 태종과 세종치세 모두에 참여한 정치세력에게 자신들의 정치적 운명을 좌우하는 민감한 사항이었기에 이천 역시 여타 신료들과 입장을 같이 할 수밖에 없었을 것이다.

반면 세종과 이천의 관계는 여전히 세종의 신뢰와 시혜에 대한 이천의 순응과 복종이라는 유가적 군신관계의 틀을 유지했으며, 동시에 그것은 양자 모두에게 합리적인 선택이었을 것으로 판단된다. 더욱이 세종집권 후반기에도 세종과 신료 간에 잠재된 긴장이 빈번히 나타났는데도, 세종이 정국주도에 성공할 수 있었던 기술적 지원과 지지를 이천이 뒷받침했다는 사실에서 명백해진다. 예를 들어 세종19년(1447), 세종은 의정부와 육조에 중국의 사례를 거론하면서 운송과 유통의 효율성을 높이기 위해 강주紅紬 귀중품 따위를 나르는 데 쓰던 운반 용구, 가마와 비슷를 재사용할 것인지를 타진하는데, 좌찬성 황보인이 지리적으로 불리하고 납세가 곤란한 점을 들어 반대한다. 이에 세종은 "대저 사람은 각각 그 소견을 고집하는지라, 찬성들은 본래부터 시행하고 싶어 하지 않기 때문에 지금도 역시 이런 말을 한다"고 힐난하면서 제도 시행을 제안한 이천에게 "유독 중국에만 시행되고 우리나라에는 시행되지 않겠습니까? 그대로 시행함이 좋을 것"이라는 답변을 얻어내어 제도 혁파에 성공한 경우가 그것이다.[122] 따라서 세종에게 이천이 보여준 관료적 순응성과 정치적 수동성은 오히려 신료들 내부에서 부정적인 평가를 받았을 가능성이 높다. 특히 이천에 대한 부정적 평가는 세종치세 후기부터 문종 초기에 이르러 부각된다. 군주에게 육찬을 받은 74세의 이천을 "현덕왕후 산릉도감제조로 있을 적에 군인을 몰래 방면하고 그 값을 자기 집에 거둬들였으므로 자못 청렴하지 못하다는 조롱이 있었다"[123]고 평가한 기사는 공적 영역에서도 사적 관계의 규준을 적용하려고 했다는 문제를 지적하는 것일 수 있지만, 그 이면에 자신의 사적 이익을 유가적 군신관계의 틀 내에서 보장받았다고 평가한 것일 수도 있다.

완성자 군주에게 필요했던 관료

일반적으로 세종은 문무文武 겸전의 전인적 군주로 평가된다. 그렇기 때문에 세종치세에 조선왕조는 전방위적으로 발전했으며, 이를 뒷받침하던 신료들 역시 문무겸전의 덕목을 어느 정도 공유했을 것이다. 이러한 추론이 성립 가능하다면 세종의 문무겸전과 같은 덕목과 성취를 보인 문무겸전의 관료들이야말로 정치권위를 공고히하고 체제를 안정시킨 주요한 요소일 것이다. 더욱이 세종과 신료들 간 문무겸전이라는 공통요소는 궁극적으로 유가적 정치이상을 실현하기 위한 군주−신민 간 관계의 합리성을 전제로 할때 순기능한다. 즉 완성자로서 군주에 의한 완성자로서 신민, 이로부터 군주의 시혜에 따른 신민의 복종과 지지에 기초한 군신 관계는 호혜성에 기초한 합리적 선택의 결과라는 유가적 정치교의의 이상상을 구현한다. 그 전형을 이천이라는 특정한 신료에게서 찾을 수 있다.

정말 이천의 관료적 순응성과 정치적 수동성은 이천 자신의 합리성에 근거한 것일까? 아니면 이천 개인에 국한된 개성에 불과한 것일까? 또한 리더십의 발휘라는 맥락에서 이천의 성취와 업적은 세종에 대한 관료적 순응성 내지 정치적 수동성의 결과일 뿐일까? 더 나아가 만약 이천의 정치적 적극성이 관료적 전문성과 순응성을 압도했다면, 세종의 신뢰와 중용은 과연 유지될 수 있었을까? 그 해답의 단서는 이천에 대한 당대의 평가에서 찾을 수 있다. "이천은 성품이 정교하고 또 무략까지 있었다[藏性精巧, 且有武略]"〈세종실록〉31년 7월 26일 갑진조는 세종대의 기사와 "이천은 무예로 일어나 성품이 매우 정밀 교묘하여, 오래 상의원 제조가 되었는데, 뇌물을 많이 받아들였다"[藏起自武藝, 性頗精巧, 久爲尙衣院提調, 多納賄賂]〈문종실록〉즉위, 7월 6일 무신조는 문종대의 기사를 비교하면, 이천을 신중함, 추진력, 대응성을 갖춘 무인이면서 기술관료의 모습으로 평가할 수 있다. 그것은 이천의 졸기卒記에 "시호를 익양翼襄이라 하니, 사려가 깊고 먼 것을 익翼이라 하고, 갑주의 공로가 있음을 양襄이라 한다[謚翼襄, 思慮深遠翼, 甲冑有勞襄]"〈문종실록〉1년, 11월 8일 임인조는 기사의 의미를 이해할 수 있는 단서이기도 하다. 이천의 졸기에도 엿보이듯이, 그 자신은 태종대에 무관별장을 시작으로, 세종의 전적인 신뢰를 바탕으로 충청도 병마도절제사-공조참판-병조참판-평안도 병마도절제사-호조판서-중추원사로 이어지면서 무인이자 기술관료로서의 삶을 적극적으로 살았다. 또한 그것은 양자가 정책결정 과정에서 충돌할 여지가 없었음을 시사하며, 이로 인해 양자의 관계는 상호적이었음을 반영한다.

한편 이천 개인에 대한 부정적 평가는 정치과정에서 계속 의정부와 대간들에게 견제받을 수밖에 없었던 이유를 설명하는 것이기도 하다. 그것은 공적 영역과 사적 영역을 구별하지 못한 이천 개인에 대한 평가다. 예를 들어 세종14년 상의원 제조로 재직 중 북경으로 가는 사신들에게 자신의 개인 물품을 청탁해서 바꾸거나 이를 거부한 자에게 보복을 행했다는 졸기의 내용과 이로 인해 제조직에서 파면된 사실(세종실록)14년, 4월 21일 기유조까지 포함해 "사람들이 많이 그를 비루하게 여기었는데, 어떤 비평하는 자가 이르기를, 어찌하여 무진년의 난을 생각하지 못하는가라고 했다[人多鄙之, 或有譏之者云, 何不思戊辰之亂乎?]"(문종실록)1년, 11월 8일 임인조는 평가는 이천 개인에게 도덕적·윤리적 기준이 결여되었음을 웅변한다. 또한 이천의 관료적 전문성을 고려해 볼 때 그에 대한 부정적 평가야말로 평안도 병마도절제사로 여진정벌과 변방방어에 따른 책무 불이행에 집중된다. 즉 과학기술 분야보다 무인으로의 성취와 업적에 대한 비판에 한정된다.

그러나 무인으로서 이천에 대한 평가는 변방방어와 절제사로 재직 중에 여진족 소탕과 왜구토벌과 관련하여 정책집행 과정에서 나타나는 신중함, 결단력, 목표의 선명성, 설득력으로 설명되어야 한다. 더욱이 개인적인 행적에 대한 비난과 평가는 이천 자신의 책임 밖에 놓인 일이기도 하다. 좀 더 과감한 추론을 전개하자면, 무진년의 난은 이천 나이 12세에 있었던 일이다. 따라서 76세에 사망한 시점에서 무진년의 난은 64년 전 일이다. 그렇다면 이천의 유년기에 발생한 무진년의 난을 직·간접적으로 알고 있었고 평가할 수 있는 세대는 이천 사망 시기에 거의 생존해 있지 않았을 것이다. 그런데도 60년이 넘은 과거의 일이 여전히 이천 개인의 평가에 개입했던 사실은 이천이 그 자신의 행적과 별도로 가문의 배경에 의해서 조선의 새로운 지배엘리트들과 일정한 거리를 두고 있었거나 견제받았을 가능성을 시사한다. 만약 이러한 추론이 성립가능하다면 사헌부, 의정부, 병조가 이천을 계속 탄핵한 점을 이해할 수 있다.

한편 이천의 관료적 전문성이 가장 드러났던 공조에 의한 탄핵은 찾아보기 어렵다. 그것은 이천의 경력이 무인으로 시작해서 병조와 공조의 참판을 역임했는데도 기술관료로의 순응성이 더 강하게 나타났다는 반증일 수 있다. 즉 병조와 평안도 병마도절제사, 군기감정 등 군부에서 일정한 지위와 역할을 점유했는데도 병조를 완전히 장악하지 못했거나 혹은 그가 공조에서 성취한 업적을 고려할 때 정치적 영향력을 발휘해야 할 내정과 외교의 부분보다 주어진 명령에 따라 순응하는 전문성과 기능성에서 그 능력을 발휘한 것으로 이해할 수 있다. 따라서 이천의 리더십은 군주의 왕권강화라는 맥락에서 요구되는 기술관료로서의 전문성에 기인하며 동시에 전문성에 기초한 리더십이야말로 정치적으로 발휘될 여지가 없다는 점에서 수동적일 수밖에 없다. 만약 문무를 겸전한 세종의 입장에서 자신의 정치적 의도와 목표를 반드시 관철시켜야 할 필요가 있었다면, 세종 자신의 의도와 목표를 읽어낼 수 있는 순응적이면서 문무를 겸전한 신료가 필요했을 것이다. 결국 이천의 역량은 세종이 기대하고 설정한 틀 내에서 발휘되기에 적합했고, 이천 자신도 그 한계를 알고 있었던 것은 아닐까?

윤대식

충북대학교 우암연구소 전임연구원이다. 한국외국어대학교 정치외교학과를 졸업하고 동 대학원 정치학 박사를 받았다. 지은 책으로 《동아시아의 정치적 의무관에 대한 모색》(2008) 등이 있고, 〈상상의 법치주의에 내재한 정치적 의무〉(2004), 〈맹자의 왕도주의에 내재한 정치적 의무의 기제〉(2005) 등 선진 유가와 법가에 관한 논문 등이 있다.

1) 천혜봉은 이천을 무관 출신으로 무략에 뛰어났지만 한편 천부적으로 기술의 재능을 겸비하고 있어 주자인쇄鑄字印刷의 창의적 개량과 천문기기의 고안적 정작考案的 精作에 기여했다는 점에서 '위대한 갑옷 입은 과학기술자'로 평가한다. 천혜봉, "이천과 세종조의 주자인쇄," 《동방학지》 46–48합집 (1985), p. 346.

2) 박영규, 《세종과 그의 인재들》, (서울: 들녘, 2002), pp. 159–206.

3) 정두희, "세종조의 권력구조: 대간의 활동을 중심으로," 한국정신문화연구원 역사연구실 편, 《세종조 문화연구 Ⅰ》 (서울: 박영사, 1982), p. 3.

4) 조선의 국왕교육은 전 생애를 통해서 보양청교육 · 강학청교육 · 시강원교육 · 경연교육 4개의 과정으로 구성되었고, 왕위를 이을 후계자로서 본격적인 국왕교육은 세자로서 받아야하는 시강원 교육부터였다. 국왕이 된 이후에는 평생 경연을 통해 유가적 군주로의 완성을 요구받았다. 그것은 사대부와 동일한 수기치인의 학문을 학습하는 과정이었으며, 이로 인해서 관료학자로서 양반사대부들은 교육을 통해 국왕을 견제하고 국왕과 신하가 함께 정치를 주도한다는 군신공치君臣共治의 이념을 전파할 수 있었다. 김문식, 《정조의 제왕학》 (서울: 태학사, 2007), pp. 39–45.

5) 《문종실록》 1년 11월 8일 임인, "性精巧, 如火砲 · 鍾磬 · 圭表 · 簡儀 · 渾儀 · 鑄字之類, 皆其監掌也."

6) 《문종실록》 1년 11월 8일 임인, "歳禮安人, 軍簿判書煉之子也… 其母廉氏, 興邦之妹也. 歲戊辰, 煉死於廉氏之亂."

7) 《고려사절요》 권 26, 공민왕 (정유) 6년, "夏四月, 賜廉興邦等三十三人及第."

8) 강지언, "이인임 집권기 정치세력과 정국동향," 《이화사학연구》 22집 (1995), p. 70.

9) 이형우, "고려 우왕의 외척과 측근," 《민족문화연구》 37호 (2002), p. 374.

10) 강지언(1995), 앞의 글, pp. 74–79.

11) 염흥방은 이인임을 계승한 임견미와 혼인을 통해 연결됨으로써 정치적 영향력을 행사하는 데 참여했다. 김당택, "도당을 통해 본 고려 우왕대의 정치적 상황," 《역사학보》 180집 (2002), p. 51.

12) 김당택(2002), 위의 글, p. 52.

13) 《고려사절요》 권29, 공민왕 (경술)19년, "以知門下事李金剛, 爲全羅道都巡問使, 金剛貪財賄, 酗酒色, 奪羅州牧使河乙沚玉頂兒. 又漕運後期, 以致漂沒, 憲府將劾之, 知申事廉興邦, 聞之日, 金剛賄賂絡繹, 憲府何能爲, 金剛果以賄免."

14) 《동사강목》 16하, (무진년) 전폐왕 우 14년, "仁任久竊國柄, 支黨根據, 堅味爲其腹心. 疾惡文臣, 放逐甚衆. 興邦亦在逐中, 後堅味以興邦世家大族, 請興婚姻, 木+致爲興邦胥."

15) 이 시기 '이인임을 정점으로 영삼사사領三司事 임견미, 삼사좌사三司左使 염흥방이 나란히 정권을 전횡했다'는 평가는 일종의 정립鼎立구조를 보여준다. 즉 기존 연립정권 창출의 한 축이었던 최영을 축출하고, 그 대안세력으로 정치과정에서 소외된 신흥사대부 세력의 일부와 야합함으로써 내부적으로 안정된 권력구조로 개편하고 새로운 정치세력의 도전을 방지하는 순기능을 기대했던 것으로 파악할 수도 있다.

16) 《고려사절요》 권32, 신우 13년, "胖, 不勝憤, 以數十騎, 圍斬之, 火其家, 馳入京, 將白興邦, 興邦聞之大怒, 誣胖謀叛, 令巡軍執胖母妻, 遣四百餘騎于白州, 捕胖."

17) 고대 동양의 응보應報관념은 도덕적 규준을 강조하는 유가의 전통에서도 수용되고 있다. 춘추전국시대까지 혈속에 대한 개인의 사적복수는 오히려 '의무'로 이해되었으며, 유가의 경우 폭군에 대한 복수까지 정당화하는 역성혁명론을 제기했다. 도덕적 책무로서 사적복수가 정당한 것으로 인정되었기 때문에 사적복수를 이행하지 않은 자 역시 의무의 태만으로 공동체의 암묵적인 비난 대상이었음을 고려할 때, 전통 동양사회에서 사적복수의 행위를 부당한 것으로 인식한 것은 단일한 공동체적 규범과 법제의 정비가 이루어진 한漢제국 이후의 일이기도 하다. 한제국에 의한 통치권의 일원화는 형벌권의 국가귀속과 함께 복수의 형태로 행해지던 '응보적 정의'를 국가의 사법제도로 구속하는 계기가 되었다. 따라서 지배 권력은 사적복수를 통치권의 위협요소로 파악하고 '법'으로 형벌권을 행사하는 제도화를 시도했던 것이다. 이승환, 《유가사상의 사회철학적 재조명》 (서울: 고려대학교출판부, 1998), pp. 8–13.

18) 《고려사절요》 권33, 신우 14년, "今斬李光者, 唯以輔國家除民賊耳… 我欲斬汝國賊, 汝與我相訟者也, 何鞫我爲興邦?"

19) 《세종실록》 즉위년, 10월 13일 기축, "上命工曹參判李蔵·濟用副正南伋, 監鑄祭器. 告成賜蔵等, 內廐馬各一匹, 工人, 縣布各三匹."

20) 《세종실록》 12년, 9월 14일 임자, "蔵無他才能, 以奇巧見用."

21) 박영규(2002), 앞의 책, p. 319.

22) 권근, 《양촌선생문집》 권22, 〈발어류, 주자발〉을 옥영정, "직지와 금속활자의 아름다움," 《서지학연구》 28집 (2004), pp. 140–141에서 재인용.

23) 《태종실록》 3년, 2월 13일 경신, "新置鑄字所 上慮本國書籍鮮少 儒生不能博觀 命置所 以藝

文館大提學李稷·摠制閔無疾·知申事朴錫命·右代言李膺爲提調"

24) 《태종실록》 3년, 3월 3일 경진, "伏望殿下, 繼自今日, 御經筵, 侍讀之士, 待以禮貌, 常與研窮聖學, 談論治道, 終始典學, 而?緝熙于光明, 則將見治道之隆, 軼於三代矣."

25) 《정조실록》 18년, 1월 24일 임자, "太宗朝癸未, 以經筵古註詩書左傳爲本, 命李稷等, 鑄十萬字, 是爲癸未字. 世宗朝庚子, 命李禝改鑄, 是爲庚子字. 甲寅以庚子字織密, 出經筵所藏, 孝順事實, 爲善陰隲等書爲字本, 命金墩等, 鑄二十餘萬字, 是爲甲寅字."

26) 인쇄기술사에서 고려시대의 목판인쇄로부터 조선의 활자 인쇄로의 전환은 획기적인 발전이지만, 계미자의 단점이야말로 활자 인쇄의 초기에 해당하는 관계로 아직 활자를 다듬는 기술적인 역량부족에 기인한 것이기도 했다. 옥영정(2004), 앞의 글, pp. 141-142.

27) 《세종실록》 4년, 10월 29일 계축, "命工曹參判李蕆, 新鑄字樣, 極爲精緻. 命知申事金益精·左代言鄭招, 監掌其事, 七閱月而功訖. 印者便之, 而一日所印, 多至二十餘紙矣."

28) 《세종실록》 16년, 7월 2일 정축, "乃命蕆監其事, 集賢殿直提學金墩·直殿金墩·護軍蔣英實·僉知司譯院事李世衡·舍人鄭陟·注簿李純之等, 掌之."

29) 《세종실록》 4년, 10월 29일 계축, "上命鑄字所, 改鑄字樣印書, 命卜季良跋之曰, 鑄字之設, 可印群書, 以傳永世, 誠爲無窮之利矣… 由是而無書不印, 無人不學, 文敎之興當日進, 而世道之隆當益盛矣."

30) 《세종실록》 16년, 7월 2일 정축, "予念此弊, 曾命卿改造, 卿亦以爲難, 予强之, 卿乃運智, 造板鑄字, 竝皆平正牢固, 不待用蠟, 印出雖多, 字不偏倚, 予甚嘉之."

31) 이용삼 외, "남병철의 혼천의 연구 1", 《한국천문학회보》 34집 (2001), p. 47.

32) 《상서》, 〈우서虞書〉, 〈요전堯典〉, "乃命羲和, 欽若昊天, 厤象日月星辰, 敬授人時."

33) 《상서》, 〈우서虞書〉, 〈순전舜典〉, "在璿璣玉衡, 以齊七政, 肆類于上帝, 禋于六宗, 望于山川, 徧于羣神."

34) 《세종실록》 32년, 2월 17일 임진, "聖德巍巍, 人不能名, 時稱海東堯舜."

35) 《세종실록》 14년, 11월 1일 병진, "曆象日月, 古今帝王之所重."

36) 《세종실록》 19년, 4월 15일 갑술, "於是臣鄭招·臣鄭麟趾, 掌稽古制, 中樞院使臣李蕆, 掌督工役."

37) 《세종실록》 15년, 8월 11일 신묘, "大提學鄭招·知中樞院事李蕆·提學鄭麟趾·應敎金鑌等, 進渾天儀, 上覽之,

遂命世子, 與李蕆質問制度, 世子入啓… 世子至簡儀臺, 與鄭招·李蕆·鄭麟趾·金鑌等, 講問簡儀與渾天儀之制."

38) 《세종실록》 19년, 4월 15일 갑술, "留神於天文法象之理, 凡古所謂渾儀·渾象·圭表·簡

儀與夫自擊漏ㆍ小簡儀ㆍ仰釜ㆍ天平ㆍ懸珠日晷等器, 制作無遺, 其欽若昊天, 開物成務之意至矣."

39) 《문종실록》 1년, 11월 8일 임인, "歲癸酉, 始補別將, 壬午中武擧, 庚寅又中武擧重試."

40) 《태종실록》 15년, 8월 28일 임진, "遣軍器監正李蕆于平安ㆍ永吉道, 點考兩道各營軍器衣甲也. 又令自兩道邊境至都城山河險阨處, 巡審啓聞."

41) 《세종실록》 1년, 5월 10일 갑인, "以朴實ㆍ朴礎, 竝爲左軍同知摠制, 張允和復爲兵曹參議, 鄭招工曹參議, 李蕆右軍僉摠制."

42) 현재 역사학과 인문학에서 명명되는 '동아시아'라는 개념은 한국, 일본, 중국의 개별적인 역사에 대한 비교사적 차원의 연구를 넘어서서 이들을 개별단위가 아닌 '동아시아'라는 확대된 범주로 파악하기 위한 것이기도 하다. 특히 삼국 간 역사연구의 대상에서 '바다'라는 새로운 지역이 설정되고 이를 검증하는 연구가 진행되고 있으며, 그 과정에서 '왜구'는 삼국 간 교류의 대표적인 사례로 주목받고 있다. 왜냐하면 왜구는 동아시아 삼국의 자국사 내에서도 영향을 준 역사상 특이한 존재의 하나인 동시에 각국의 자국사만으로 해결할 수 없는 '동아시아'라는 관점에서 파악해야 할 필요성이 요청되는 소재이기 때문이다. 윤성익, "명대 왜구론에 대한 재고찰," 《명청사연구》 14집 (2001), pp. 1-2.

43) 박평식, "조선초기의 대외무역정책," 《한국사연구》 125집 (2004), pp. 71-72.

44) 그 결정적인 설명변인은 주원장의 〈황명조훈皇明祖訓〉이다. 〈황명조훈〉의 내용은 중화의 회복, 해외제국의 초무와 불관용이다. 중화의 회복은 한족의 민족적 우수성을 강조함으로써 명 왕조가 중국의 정통 정부임을 강조하는 것이고, 해외제국의 초무는 중화사상과 유교이념으로 주변국들을 교화시켜 명 중심의 국제질서를 확립하기 위한 정책이며, 불관용은 내외를 막론하고 황제의 명령을 따르지 않을 경우 무력을 사용하여 응징하겠다는 것이다. 〈황명조훈〉은 주변국과의 관계에서 명 중심의 위계질서를 확립하기 위한 의도를 내포하며, 조공을 통한 위계질서 하에 주변국에게 경제적, 문화적 혜택을 시혜하며, 명의 권위에 도전할 경우 불관용을 내세워 군사력으로 응징하겠다는 의미이기도 했다. 국방부 군사편찬연구소, 《조선시대 군사전략》 (2006), pp. 58-59.

45) 《태종실록》 13년, 3월 20일 기해, "賀正使通事林密, 回自京師啓曰, 正月二十日, 皇帝宣諭曰, 日本國老王, 事大以誠, 無有寇竊. 今嗣王, 不禁草竊, 侵擾我疆, 又掛父眞於壁, 而刺其目, 其不道如此."

45) 《태종실록》 13년, 3월 20일 기해, "賀正使通事林密, 回自京師啓曰, 正月二十日, 皇帝宣諭曰, 日本國老王, 事大以誠, 無有寇竊. 今嗣王, 不禁草竊, 侵擾我疆, 又掛父眞於壁, 而刺其目, 其不道如此."

46) 사실상 명 황제인 영락제의 정왜론이 실질적인 군사적 행동으로 전개되었을지는 의문이다. 명 왕조의 개국과정에서 체제위협의 요소는 북방세력이었다. 명 왕조 초기 전력했던 북원견제와 함께 후기 발흥했던 여진 등 요동지역을 대상으로 하는 북변경략은 명 황제

주원장으로 하여금 남경南京에서 북경北京으로 천도해야 한다는 판단을 가져왔다. 그것은 영락제에 이르러 실현되었으며(1420년), 이 과정에서 영락제는 정치, 경제, 군사, 교육의 주요기관을 북경으로 이전하고 이에 저항하는 강남세력을 제거함으로써 화북지역의 발전에 전력할 수 있었다. 이렇게 보자면 명 왕조 내부정책과 정화의 해외원정(6차)과 같은 대외정책에도 불구하고 강소, 절강, 복건, 광동지방 등 강남지역 전반에 걸친 왜구의 피해는 이 지역에 상대적으로 무관심했던 중앙정부의 태도와 상관관계를 가지며, 이로부터 명 왕조가 실제 왜구에 대한 원정을 감행할 의지를 가졌었는지에 대한 의문을 제기할 수도 있다. 명 왕조의 요동정책에 관해서는 남의현, "명대 요동정책과 대외관계," 《강원사학》 15-16집 (2000)을 참조.

47) 《태종실록》 13년, 3월 20일 기해, "上國必以我國與倭通好, 今又恝然, 必以我國爲詐也. 況 倭人實我國之讎, 今若誅之, 國之幸也, 但道經我疆, 是不可不慮也."

48) 국방부 군사편찬연구소 (2006), 앞의 책, p. 68.

49) 《세종실록》 1년, 5월 19일 계해, "上王以金乙和老, 命右軍僉節制使李蕆爲副節制使."

50) 이천의 지위에 대한 기록은 이 부분에서 혼란스럽다. 우선 세종1년 5월 19일 기사에는 부절제사로 절제사 김을화를 보좌하도록 임명되었으나, 6월 2일 기사에는 "李蕆左軍同知摠制, 尹得洪左軍僉摠制. 蕆時以僉節使, 從征對馬島…"라고 기록되어 있는데, 좌군 동지총제를 제수한 당시 대마도 정벌에 종군한 이천의 지위는 첨절제사였다.

51) 《세종실록》 1년, 6월 25일 무술, "上王從之, 以前都節制使權蔓. 同知摠制李蕆, 竝爲慶尙海道助戰節制使."

52) 7월 3일에 이루어진 철군 직후 3일 소청도와 4일 안흥량의 공물운반선 약탈과 같은 연속적인 사건발생으로 다시 2차 대마도 정벌이 논의되었고, 7월 7일 대마도 공격과 왜구 요격을 위한 지휘부 재편성이 이루어졌다. 그 과정에서 명 연해에서 왜구가 섬멸되었다는 보고를 받은 조선은 대마도 재정벌 계획을 취소하고 정벌군의 소속포구 복귀를 명령함으로써 대마도 정벌은 종결되었다.

53) 노영구, "조선 초기 수군과 해령직의 변화," 《한국사론》 33집 (1995), p. 86.

54) 세종 치세의 후반기 시점에서 조선의 군정을 마군馬軍 68명, 보군步軍 5명, 시위군 15933명, 선군(수군) 49337명, 영진군 10802명, 수성군守城軍 1564명, 진속방패鎭屬防牌 25명, 익군 18525명으로 계산할 수 있는데, 수군은 총계의 절반을 상회한다. 더욱이 익군의 경우 변방방어를 위해서 평안도와 함길도에 배속되어 있는 특이한 군사조직이기 때문에, 사실상 나머지 육도의 군정에서 차지하는 수군의 비중은 70%에 가까운 것이었다. 이재룡, "조선전기의 수군," 《한국사연구》 5집 (1970), pp. 116-117.

55) 《세종실록》 13년, 5월 14일 정축, "昔朴熙中歸全羅道, 監造甲船, 以鈍棄之, 臣謂船之鈍快, 不在甲造與否, 實由體製之使然爾. 臣嘗見東征時, 取來倭大船, 其甲造之術, 外用月外松板裹之, 中無灰隔, 其輕快勝於兵船逈矣."

56) 나종우, "조선 수군의 무기체계와 전술 구사,"《한일관계사연구》10집 (1999), p. 92.

57) 병조참판으로 재직 중 함선의 개수와 더불어 기술관료로서 이천의 재능을 엿볼 수 있는 부분이 수군의 재정기반이었던 국둔전國屯田에 대한 견해다. 이것은 4장에서 다룰 예정이다.

58) 원명교체로 인한 동아시아, 특히 요동지역 질서의 판도변화는 곧 바로 조선의 통치영역 내의 문제로 전화될 가능성을 지니고 있었기에 적극적으로 대응하지 않을 수 없었다는 점에서 결과적으로 북방개척에 나서게 된 것으로 파악하는 입장도 있다. 이에 대해서는 윤훈표, "조선전기 북방개척과 영토의식,"《한국사연구》129집 (2005)을 참조.

59)《태조실록》4년, 12월 14일 계묘조의 "동북면 1도는 원래 왕업을 처음으로 일으킨 땅으로서 위엄을 두려워하고 은덕을 생각한 지 오래 되었다(東北一道, 本肇基之地也, 畏威懷德久矣)"는 기사에서 보이듯이, 조선왕조는 동북면으로 불렸던 두만강 유역을 조기지肇基之地로 중시했다.

60) '여진'과 '야인'의 개념적 구별은 모호하면서 동시에 엄격히 통제되어야 한다. 대부분 '야인'을 통칭하는 용어로, '여진'을 그 정체성으로 구별하는데, '여진'이 '야인'일 수 있지만 모든 '야인'이 여진은 아닐 수도 있다. 김주원은 실록의 번역상 오류로 조선 초기 야인에 대한 여진의 통칭이 잘못되었다는 점을 지적한다. 즉 오랑캐(兀良哈), 오도리(斡朶里), 토착 여진女眞, 우디케(兀狄哈)는 당시 조선에서 파악하고 통제할 수 있었던 야인집단을 지칭하며, 그 이외 야인들의 족류는 다양했다는 것이다. 김주원, "조선왕조실록의 번역에 나타난 오류,"《알타이학보》16호 (2006), pp. 7–14.

61)《태조실록》4년, 12월 14일 계묘, "上卽位, 量授萬戶千戶之職, 使李豆蘭招安女眞, 被髮之俗, 盡襲冠帶, 改禽獸之行, 習禮義之敎, 與國人相婚, 服役納賦, 無異於編戶... 文武之政, 於是畢擧, 延袤千里, 皆入版籍, 以豆滿江爲界."

62) 한성주, "두만강지역 여진인 동향 보고서의 분석,"《사학연구》86호 (2007), p. 42.

63)《세종실록》8년, 6월 16일 무인, "兵曹據咸吉道都節制使牒啓. 鏡城府魚游間川以北龍城等處, 居民一百三十戶, 已曾割屬於慶源, 然慶源, 龍城, 均是要害之地, 其間相距七十餘里, 倘或有警, 節制使及時應變爲難... 上命政府, 六曹同議. 左議政李稷·右議政黃喜·贊成權軫·兵曹判書李潑·吏曹判書李孟畇·兵曹參判李蕆·工曹參判趙賚·禮曹參判金益精等議曰, 依所啓施行."

64)《태종실록》10년, 2월 10일 정미, "上謂宰相等曰, 慶源, 但德, 安二陵在耳. 遷陵, 古亦有之, 遷陵廢郡, 退守鏡城如何?"

65)《세종실록》9년, 8월 10일 을축, "然予心以爲祖宗封疆, 不可縮也... 若廣築城堡, 多聚民戶以守禦, 則可矣... 又從而爲退縮之計, 甚非祖宗拓地之意也, 其令政府六曹更加商量."

66) 조선 초기 개간과 간척사업은 농지개발의 중심적인 과제였으며, 이와 더불어 함경도와 평안도를 중심으로 한 북방개간 역시 중요한 개간사업이었다. 이 지역의 안정성 확보는 정벌이나 군사기지 설치 등 군사 활동이나 회유정책만으로 부족했고 실질적인 해결책이 농지

개간과 인구증가를 통한 농업생산의 확대와 군정과 역정의 확보였다. 따라서 북방개간은 사민사업과 직결되어 개척 사업으로 추진되었다. 이경식, "조선초기 북방개척과 농업개발," 《역사교육》 52집 (1992), p. 1.

67) 《세종실록》 10년, 10월 20일 무술조.

68) 《세종실록》 9년, 11월 10일 갑오, "咸吉道沿邊各官人等擊鼓, 請復立百戶千戶之職. 上曰, 慶源設土官, 予以爲他官人, 亦啓此心矣."

69) 《세종실록》 15년, 11월 21일 경자, "召黃喜·孟思誠·權軫, 議寧北, 慶源兩鎭移排條件, 令知中樞尹淮製敎旨, 下兵曹曰… 伊欲紹述先志, 復還慶源府于蘇多老, 移寧北鎭于斡木河, 募民以實之, 謹守祖宗天險之封疆, 少寬邊民迭守之勞苦, 非好大喜功, 開斥境土之比."

70) 세종의 북방개척이 지닌 정치사적 의미는 군주인 세종 자신의 강렬한 의지에 있다. 명과의 외교관계와 대규모 병력동원에 따른 국내정치적 부담에도 불구하고 세종이 육진을 개척하는 과정에서 보여준 의지는 과거 윤관이 정벌했던 영토의 확인과 함께 고구려의 고토 회복이라는 목표를 지향했던 것이다. 배동수, "조선 세종의 북방정책," 《한국북방학회논집》 8권 (2001), p. 125.

71) 김구진, "조선전기 대여진관계와 여진사회의 실태," 《동양학》 14집 (1984), p. 515.

72) 조선초기 대여진관계는 오랑캐의 건주여진이나 오도리 및 토착 여진세력과 사대교린을 통해 번병으로 활용하여 우디케의 침탈을 방지하는 이이제이 정책이었다. 그러나 실질적으로 오랑캐와 우디케는 번병과 침입의 역할을 교차했으며, 이에 따라 조선의 대여진정책은 강경한 정벌책이나 온건한 회유책을 병행하는 것이었다. 김구진(1984), 앞의 글, pp. 517-519.

73) 국방부 군사편찬연구소(2006), 앞의 책, p. 105.

74) 《세종실록》 6년, 4월 26일 신미, "平安道兵馬都節制使, 據江界兵馬節制使呈馳報… 都司李滿住, 率管下指揮沈時里哈, 沈者羅老, 盛舍歹, 童所老, 盛者羅大等一千餘戶, 到婆猪江居住. 去癸卯年, 蒙聖旨許於婆猪江多回坪等處居住. 今因此到接, 然無口糧種子鹽醬, 切欲乞丐過活."

75) 《세종실록》 15년, 5월 7일 기미조.

76) 《세종실록》 18년, 6월 24일 기미, "以李蕆爲平安道都節制使, 李宗孝知閭延郡事."

77) 《세종실록》 18년, 閏6월 18일 계미, "一方制禦之事, 專委於卿, 卿亦已悉予心矣… 卿常獨觀, 細求其意, 夙夜致思, 如有長策, 籌畫以啓."

78) 《세종실록》 18년, 8월 15일 무인, "大抵邊將布置, 必取旨施行, 則不無掣肘噬臍之患… 其餘應變, 不須啓達, 臨機決策, 以盡布置, 隨後啓達."

79) 《세종실록》 19년, 6월 11일 기사, "臣謂未刈穫之前仲秋仲旬, 先以自募精兵百五十餘人, 出

其不意, 潛形突入, 先剪其羽翼, 則(波)謂我爲不喜兵者, 旣興師而返, 必不更來, 安然刈穫矣. 於是如上所陳季秋季旬, 復擧三千精銳之衆, 分爲二隊, 一隊自江界高沙里木柵, 經里番多會之平而至吾彌上端, 一隊自理山中央木柵, 經古音閑平而至吾彌下端, 以先擒之賊爲導, 道路難易, 窟穴居處與制勝之謀, 迫令自陳, 乘夜掩之, 則此制勝之謀也… 苟生疑意, 遠遁於他, 則無以雪連年之恥, 迭出迭入, 亟擧以討, 不得遂其生業."

80) 《세종실록》 19년, 6월 19일 정축조.

81) 《세종실록》 19년, 7월 18일 병오조.

82) 《세종실록》 19년, 9월 14일 신축조. / 《세종실록》 19년, 9월 22일 기유조.

83) 세종은 신료들의 반대에도 불구하고 사군설치를 강행했는데, 그 목적은 단순히 건주위를 막기 위한 것이 아니라 압록강 중상류 지역을 확보하지 않을 경우 명 또는 농경민족화 된 여진의 영구적인 정착지로 굳어져 압록강 하류를 비롯한 평안도 일대를 상실할 위험성이 커진다고 판단했기 때문일 수 있다. 따라서 압록강 중상류 지역의 군사거점화 필요성이 대두되었으며, 이를 위해서 사군설치를 강행한 것으로 파악할 수 있다. 윤훈표(2005), 앞의 글, p. 74.

84) 《세종실록》 19년, 9월 25일 임자, "時無以京職帶外任者, 李蕆·安臣, 以征伐之功, 特拜是職, 蓋寵異之也."

85) 《세종실록》 19년 5월 13일 임인조, "近聞都節制使李蕆, 獵于鐵山, 義州及江外之地… 留鐵山幾日, 留義州幾日, 越江留幾日乎? 備悉啓達."

86) 《세종실록》 19년, 10월 17일 계유, "右議政盧閈啓云, 此不足賞也. 蕆之所討, 不過一二農幕而已, 何功之有? 後日邊將如此之事不難矣. 倘使閭延判官李宗孝, 率軍二三百而去, 所獲當不下於此矣."

87) 《세종실록》 19년, 10월 17일 계유, "喜對曰, 蕆之不足賞功, 臣等共議之矣. 其言宗孝率二三百而者, 閈不與臣等議而遽言之, 故不知其原情矣."

88) 《세종실록》 20년, 12월 25일 을해조.

89) 《세종실록》 19년, 10월 27일 계미, "御思政殿引見, 自辰初至日昃而罷."

90) 《세종실록》 13년, 10월 13일 갑진, "知申事安崇善啓… 崇善又啓, 參判鄭淵語臣云, 李蕆·崔海山, 久爲軍器監提調, 多行不義, 稍得不廉之名. 宜以剛正公廉者爲提調. 上曰, 軍器之事, 他人安能及二人材巧? 姑勿遞."

91) 《세종실록》 21년, 2월 23일 임신, "司憲府上疏曰, 欺罔, 人臣之大罪, 賞罰, 國家之大柄. 苟欺罔不懲, 賞罰不明, 則爲善者何所勸, 爲惡者何所憚乎? 上護軍李韁, 歲在丁巳, 夤緣其兄, 得參征討之役, 曾無獻戱之功, 反懷蒙賞之計, 自敍其績, 以成手本, 勒令牌頭李思榮着名, 陰誘知印朴得隣誣證, 傳報其兄, 濫受爵賞, 其欺天罔上… 都節制使李蕆以將相大臣, 軍人金呂彦·金好知·巨鷹大等, 爭功于前, 韁又從而爭之, 蕆乃辨之曰, 實是巨鷹大之功. 則是

非不知功之有無矣. 及軍功等第之時, 任情增減, 賞罰失中, 其誣上行私, 莫以加矣."

92) 《세종실록》 22년, 5월 1일 임인조. / 《세종실록》 22년, 6월 9일 기묘조.

93) 《세종실록》 19년, 2월 14일 갑술조.

94) 《세종실록》 21년, 3월 19일 정묘조.

95) 《세종실록》 22년, 5월 1일 임인, "藏之不用心設備備明矣."

96) 《세종실록》 22년, 7월 5일 을사조에서 세종은 함길도 도절제사 김종서를 "오도리의 동창과 범찰을 위험을 대하고 어진 마음을 베풀지 않아 야인들의 온 종류가 도망가고 중국에 비웃음을 받게 되었다"는 이유로 교체할 것을, 평안도 도절제사인 이천을 "논란할 만한 죄가 없기에 경직을 우선 제수하는" 방식으로 교체할 것을 제안했다.

97) 《세종실록》 22년, 7월 15일 을묘, "平安道都節制使李藏·都事皇甫恭·都鎭撫朴訥生·閭延節制使柳江·判官柳士枝·都鎭撫裵陽德·趙明干萬戸崔俊等, 俱以邊將, 乃於賊路要害之處, 固當申藏防禦之策, 計不出此, 檢覈陵夷, 賊虜突入, 殺虜人畜, 甚爲不可."

98) 특히 이천에 대한 탄핵은 지속적으로 사간과 병조에 의해서 제기되었다. 이천의 경우 무관 별장으로 조선왕조에 출사했고, 병조참판과 평안도 도절제사라는 요직을 거쳤음에도 불구하고 병조의 탄핵이 지속적으로 이루어졌다는 사실은 이천 자신이 병조를 장악하지 못했을 가능성과 함께 공조참판으로 성취한 업적과 비교해서 병조의 정체성과 충돌했을 가능성도 고려해 볼 수 있다.

99) 《세종실록》 22년 2월 5일 임신조, "命還給元尹末生告身, 放還李藏."

100) 세종 14년(1432년) 3월 15일 갑술조에서 "본조의 도총제라는 명칭은 전조 때부터 시작된 것으로써 그대로 따른 채 아직 고치지 않은 것이다. 내가 그 이름을 고치고자 하니 다시 고전을 참고하여 의견을 말하라"는 세종의 명에 따라 맹사성 등이 "총제라는 이름은 진실로 어느 시대에도 없던 이름입니다. 마땅히 다시 건국초에 일컫던 중추원으로 이름을 붙이는 것이 좋겠습니다"라고 답변한 내용을 전제로 한다면, 이천의 총제와 중추원사 제수는 더 이상 실질적인 정책집행기능을 수행하지 못했음을 의미한다.

101) 《세종실록》 26년, 11월 1일 병자, "軍器監提調李藏啓… 臣聞北方野人, 以水鐵農器, 易軟鐵爲軍器者頗多… 野人來朝者, 若不以實告, 則慶城人傳習野人者亦多, 宜驛召才良者, 傳習爲便."

102) 《세종실록》 31년, 7월 26일 갑진조.

103) 《문종실록》 즉위년, 7월 6일 무신, "藏起自武藝, 性頗精巧, 久爲尙衣院提調, 多納賄賂, 世宗聞之, 遂改提調. 然凡干巧事, 命藏監掌之."

104) 《문종실록》 즉위년, 8월 19일 경인, "判中樞院事李藏, 几杖."

105) 이한우, 《세종: 조선의 표준을 세우다》 (서울: 해냄, 2006), pp. 81~112.

106) 《세종실록》 7년, 5월 13일 임오조를 보면 이 자리의 참석자들이 종친과 부원군들 그리고 유은지, 문효종, 이천, 조말생, 성엄, 왕인, 정진, 곽존중이라고 기록되어 있다. 그 외 대간과 참의, 첨총제는 막사 남쪽에서 따로 자리를 마련했다고 한다. 따라서 세종과 자리를 같이 했던 근친을 제외한 신료들은 세종의 통치구상에서 일정한 역할이 기대되었던 측근 세력으로 간주할 수 있다.

107) 《세종실록》 7년, 9월 27일 계해조에서 사헌부는 조말생, 이천, 황상, 곽존중, 최해산 등이 정원 이상의 구사를 거느리고 있기에 탄핵했음을 기록하고 있다.

108) 《세종실록》 7년, 9월 27일 계해, "上雖勿論堂上官, 惡其汎濫詰責, 代言等皆慙懼."

109) 《세종실록》 4년, 2월 26일 계축, "上曰, 築城軍人物故甚多, 其故何由? 工曹參判李蕆對曰, 數十提調, 尙有朴春貴病死. 況於三十餘萬軍人, 五六百人物故, 何足怪也?"

110) 《세종실록》 8년, 4월 28일 신묘, "予欲革衙祿位田, 以國庫米豆支給, 卿等擬議以聞… 欲革國屯田, 聽民耕種, 幷議以啓."

111) 이경식, "조선초기 둔전의 설치와 경영," 《한국사연구》 21·22집 (1978), p. 67.

112) 국둔전은 수자리를 사는 군사가 경작하여 그 수확을 모두 군자軍資에 충당하던 토지로서 왜구를 막기 위해 연해 지방에 많이 두었다. 또한 관둔전은 본래 군자에 보충하려고 두었으나 실지로 지방관청의 일반경비에 충당했으며, 심지어 수령의 사적 수입처럼 쓰이기도 했다. 관둔전의 경작자는 대개 관노비官奴婢이며, 수조권은 지방 관청에 있었다.

113) 강상택, "여말 선초의 둔전에 관한 일고찰,"《부산사학》 14·15합집 (1988), p. 67.

114) 《세종실록》 8년, 4월 28일 신묘, "李稷·柳廷顯·黃喜·李蕆·趙賁·鄭招·權蹈議, 幷各官官屯田革罷."

115) 《세종실록》 8년, 4월 28일 신묘, "且百姓足, 君孰與不足? 若百姓不足, 則君孰與足?"

116) 《세종실록》 18년, 윤6월 18일 계미, "備邊之策, 糧餉爲本, 備糧之道, 屯田爲上. 然國家行之於南邊沿海沃壤之地."

117) 《세종실록》 8년, 5월 17일 경술, "溫妻子女, 例雖屬公, 毋得役使. 其後欲除賤案, 未及下敎. 賓天大遽, 群臣亦未有據義上論者, 至于今仍繫賤案… 繼太宗之志, 削其賤案, 賜還爵牒, 以慰臣民戴國母之心, 不勝幸甚. 命除名賤案."

118) 유재리, "세종초 양상통치기의 국정운영,"《조선시대사학보》 36집 (2006), pp. 16–19.

119) 《세종실록》 6년, 2월 10일 병진, "遣宦者李貴于淸州, 諭讓寧大君還于利川, 知申事郭存中與諸代言諫止之, 不允."

120) 《세종실록》 10년, 3월 4일 丙戌, "左議政黃喜·戶曹判書安純·禮曹判書申商·兵曹判書黃象·刑曹判書盧閈·曹參判李蕆·吏曹參議柳季聞等啓… 願嚴加禁防, 使不得出遊馳騁, 使自戒焉… 願自今絶不召見, 使自乂焉."

121) 《세종실록》 10년, 3월 4일 병술, "此非囚人也. 旣禁鷹犬, 何必禁其出遊乎?"

122) 《세종실록》 29년, 5월 1일 신묘, "上曰, 大抵人各執其所見, 贊成等本不欲行, 故今亦有是言… 何獨行於中原, 而不行於我國乎? 仍行爲便."

123) 《세종실록》 31년, 7월 26일 갑진, "爲顯德王后山陵都監提調, 潛放軍人, 收其直於家, 頗有不廉之譏."

■ 참고문헌

《조선왕조실록》 / 《고려사절요》 / 《동사강목》 / 《상서尙書》

국방부 군사편찬연구소, 2006, 《조선시대 군사전략》,

김문식, 2007, 《정조의 제왕학》, 태학사

박영규, 2002, 《세종과 그의 인재들》, 들녘

이승환, 1998, 《유가사상의 사회철학적 재조명》, 고려대학교출판부

이한우, 2006, 《세종: 조선의 표준을 세우다》, 해냄

한국정신문화연구원 역사연구실 편, 1982, 《세종조 문화연구 I 》, 박영사

한국족보학연구소, 2001, 《禮安李氏 上代史硏究》, 화동 21

강상택, 1988, "여말 선초의 둔전에 관한 일고찰", 〈부산사학〉 14 · 15합집, 53–90

강지언, 1995, "이인임 집권기 정치세력과 정국동향", 〈이화사학연구〉 22집, 67–96

김구진, 1984, "조선전기 대여진관계와 여진사회의 실태", 〈동양학〉 14집, 513–521

김당택, 2002, "도당을 통해 본 고려 우왕대의 정치적 상황", 〈역사학보〉 180집, 35–62,

김주원, 2006, "조선왕조실록의 번역에 나타난 오류", 〈알타이학보〉 16호, 1–33

나종우. 1999. '조선 수군의 무기체계와 전술 구사'. 〈한일관계사연구〉 10집. 85–100.

남의현. 2000. '명대 요동정책과 대외관계'. 〈강원사학〉 15–16집. 271–301.

노영구. 1995. '조선초기 수군과 해령직의 변화'. 〈한국사론〉 33집. 79–141.

박평식. 2004. '조선초기의 대외무역정책'. 〈한국사연구〉 125집. 71–118.

배동수. 2001. '조선 세종의 북방정책'. 〈한국북방학회논집〉 8권. 115–126.

옥영정. 2004. '직지와 금속활자의 아름다움'. 〈서지학연구〉 28집. 137-169.

유재리. 2006. '세종초 양상통치기의 국정운영'. 〈조선시대사학보〉 36집. 5-61.

윤성익. 2001. '명대 왜구론에 대한 재고찰'. 〈명청사연구〉 14집. 1-32.

윤훈표. 2005. '조선전기 북방개척과 영토의식'. 〈한국사연구〉 129집. 61-93.

이경식. 1978. '조선초기 둔전의 설치와 경영'. 〈한국사연구〉 21-22집. 67-118.

이경식. 1992. '조선초기 북방개척과 농업개발'. 〈역사교육〉 52집. 1-49.

이용삼 외. 2001. '남병철의 혼천의 연구 1'. 〈한국천문학회보〉 34집. 47-57.

이재룡. 1970. '조선전기의 수군'. 〈한국사연구〉 5집. 117-145.

이형우. 2002. '고려 우왕의 외척과 측근'. 〈민족문화연구〉 37호. 373-401.

천혜봉. 1985. '이천과 세종조의 주자인쇄'. 〈동방학지〉 46-48합집. 345-366.

한성주. 2007. '두만강지역 여진인 동향 보고서의 분석'. 〈사학연구〉 86호. 39-97.